南京大学人文地理服务区域发展系列丛书

近300年中国农林地空间格局重建及其碳核算

杨绪红　金晓斌　周寅康　著

南京大学出版社

前　言

　　人类土地利用活动改变了地球陆地表层的生物地球物理机制和生物地球化学机制,进而显著地影响了区域乃至全球尺度的气候和生态环境效应,随着人口不断膨胀和科学技术不断进步,这种影响愈加明显。工业革命以来,全球有 42%～68% 的土地覆被受人类土地利用活动影响,而由土地利用/覆被变化(LUCC)导致的全球碳排放高达 177 Pg,除化石燃料燃烧和水泥生产产生大量碳排放外,人类的 LUCC 活动业已成为引起陆地生态系统碳储量变化的重要因子,其影响远远超过了自然变化影响的速率和程度。因此,准确评估人类活动引起的 LUCC 所导致的陆地生态系统碳收支变化,将有助于降低陆地生态系统碳储量估算的不确定性。历史时期 LUCC 作为全球变化研究的重要组成部分,是核算陆地生态系统碳储量变化的重要输入参数,重建长时间序列的历史土地覆被数据对研究土地利用时空变化,分析、预测由其产生的碳储量和生态系统变化具有重要意义;同时,在全球变暖的大背景下,估算国家尺度历史土地利用导致的陆地生态系统碳储量变化,为应对国际气候变化谈判、分担气候变化责任提供数据支持方面具有重大现实需求。

　　在全球变化计划(2011CB952001)、国家自然科学基金(41340016、41671082)项目的资助下,本研究以近 300 年来中国耕地、林地空间格局重建及其碳排放核算为核心,在综述国内外历史土地利用空间重建和碳排放核算研究的基础上,系统收集和整理了近 300 年来中国历史人口、耕地、林地数据集,分别针对耕地、林地的不同变化过程和影响机理,构建了基于分区约束性 CA 的历史耕地空间格局重建模型和基于行为主体选择偏好的历史林地空间格局重建模型,分别重建了近 300 年来中国 6 个时点 1 km×1 km 网格分辨率下的分省耕地和林地空间格局;在此基础上,构建了不同情景和不同生态系统下的干扰响应曲线,利用簿记模型分别核算了不同情景下的耕地、林地变化导致的陆地生态系统碳排放总量。

目 录

第1章 绪论

1.1 研究背景

1.1.1 历史土地利用/覆被变化是全球变化研究的重要组成部分

土地覆被是地球陆地表层系统最突出的景观标志,受人类土地利用行为和自然过程共同影响(摆万奇、赵士洞,2003;李秀彬,1996)。作为表征人类活动行为对地球陆地表层自然生态系统影响最直接的信号,土地覆被是理解和解释人类社会经济活动与自然生态交互过程与链接的纽带(Sterling,2013;刘纪远等,2014)。历史时期的土地利用/覆被变化(Land Use and Cover Change,LUCC)作为全球变化研究的重要组成部分,是建立全球气候、环境变化模型的关键所在。受气候、生态系统变化滞后效应的影响,长时间序列的历史土地覆被数据重建对研究土地利用时空变化以及分析、预测由其产生的气候和生态效应具有重要作用(白淑英等,2007;Long et al.,2014)。

20世纪90年代中期,国际地圈生物圈计划(IGBP)和国际全球环境变化人文因素计划(IHDP)联合发起LUCC研究,强调:必须利用各种手段重建过去土地利用变化的详细历史(刘纪远等,2009;Liu M et al.,2010),由此开启了历史时期土地覆被变化研究的热潮。近年来,在IGBP和IHDP的LUCC、BIOME 300、GCTE、GLP、iLEAPS、PAGES等研究计划以及国际科学理事会(ICSU)、国际社会科学理事会(ISSC)联合发起的新一轮为期10年(2014—2023年)的国际科学研究计划——未来地球计划(Future Earth)的共同推动下(Future Earth Transition Team，2012；吴绍洪等，2015；樊杰、蒋子龙，2015)，定量重建过去环境，特别是重建过去 300 年全球土地覆被的工作取得重大进展，诸多具有较高时空分辨率的土地利用数据集被建立。其中，美国威斯康星大学全球环境与可持续发展中心(SAGE)的全球土地利用数据集(Global Land Use Database)和荷兰国家公共健康与环境研究所(RIVM)的全球历史环境数据集(Historical Database of the Global Environment，HYDE)都是较重要的尝试(Ramankutty & Foley，1999；Goldewijk，1997，2001)。然而，这些全球数据中的大部分土地数据都是由人口、消费等社会经济参数间接推导而来的，推理过程中有许多假设，增加了数据集的不确定性，导致其成果虽能够反映全球大势，却相对粗略，在局部尺度上的数据量和空间分布都存在较大误差(Li et al.，2016)。已有学者论证，上述数据集应用于区域模拟研究时，无论地类数量估算还是空间分配方法都过于粗糙，其数据只适用于全球尺度，而不能作为区域研究的依据，但上述研究为相关学科发展提供了数据参考和方法借鉴，诸多学者利用或改良其方法进行了更为深入的数据重建研究(冯永恒等，2014)。

1.1.2 历史土地利用/覆被变化是全球环境效应评估模式的关键输入参数，其数据精度直接影响到模式模拟结果的可靠性和预测的准确性

大量研究表明：土地覆被变化通过改变地表反照率、粗糙度、蒸散发、辐射强度等生物地球物理机制和生物多样性、大气碳循环、CO_2 含量等生物地球化学机制而影响和干扰全球气候与全球环境，这种影响自工业革命后变得愈加明显(李巧萍等，2006；华文剑、陈海山，2013；葛全胜等，2008a)。人类土地利用活动造成的气候、环境影响主要表现为温室气体排放、土壤侵蚀、水污染、生物多样性降低等方面(Li et al.，2011；傅伯杰等，2002；郑璟，2009；李秀彬，1996)。其中，土地利用/覆被变化对陆地生态系统的碳储量和温室气体排放的影响，是当前土地利用变化环境效应研究的关注重点(Foley et al.，2005)。由于历史土地利用变化导致的陆地生态环境变化具有时滞性和累积效应，为掌握当前和模拟全球气候变化趋势，减少模型模拟结果的不

确定性,需要探索历史土地利用变化所导致的环境效应,而将历史土地利用/覆被数据作为输入参数代入构建的区域大气和陆面过程模型是揭示人类土地利用活动对气候变化影响的行之有效的方法。

1.1.3 近 300 年来中国土地覆被变化显著,农林地历史资料较为丰富,成为开展历史土地利用格局重建和效应研究的优良实验场

中国地处亚欧板块东南隅、太平洋西岸,疆土辽阔,面积位列世界第三。整体属于东亚季风区,跨越热带、亚热带和温带等多个气候带,华北平原、黄土高原和东北平原属于温带季风气候,夏季高温多雨,冬季寒冷干燥;长江中下游平原、东南丘陵、四川盆地、云贵高原属于亚热带季风气候区,夏季高温多雨,冬季温和少雨;台湾南部、雷州半岛、海南岛以及云南南部地区属于热带季风气候,全年无冬,高温多雨;西北地区远离海洋,气候干燥、降水稀少,属于温带大陆性气候;青藏高原海拔高,冬季遍地冰雪,夏季凉爽宜人,是世界上典型的高原气候。中国地貌类型多样,山地、高原、丘陵、盆地和平原等地貌形态齐全,地势总体西高东低,呈三级阶梯状自西向东逐级下降;江河水系发达,受气候条件影响,东南地区降水丰沛、河流众多,西北和藏北地区气候干燥、降水稀少,蒸发旺盛,大多为内流河。区内水热条件组合多样,传统农区水网湖泊密集、降水丰富、土壤肥沃,农业种植历史长达上千年;东北地区地势平坦,是世界仅存的三大黑土区之一,区内土壤有机质含量较高,农业开垦历史较短;西北地区以屯垦为主的绿洲农业历史悠久。同时,中国拥有的悠久农业耕作史和未曾中断的文明发展史,丰富的人丁、赋税、田亩等文献记载为历史 LUCC 重建研究提供了充实可信的基础数据源,使得中国成为世界上开展历史时期土地利用格局重建和效应研究的优良实验场(区位见图 1-1)。

农林地主要包含了耕地、林地、园地、草地和其他农用地等地类,但因数量规模之大与格局变动之剧,耕地和林地的时空变化决定并反映了近 300 年来中国农林土地利用空间格局及碳排放效应的主要方面,因此,本研究的农林地特指耕地和林地,暂不考虑园地、草地和其他农用地等地类的重建与碳排放量。随着人口剧烈增长和粮食需求不断增大,我国历史土地利用/覆被

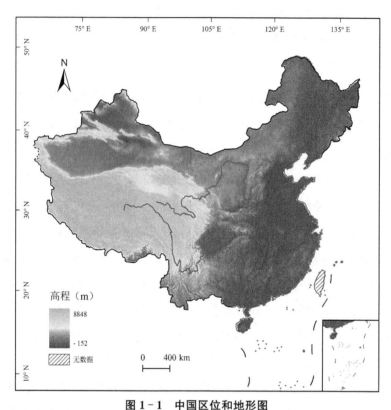

图 1-1   中国区位和地形图

数据来源:中国科学院资源环境科学数据中心(http://www.resdc.cn)。
审图号:GS(2016)1549 号

变化十分显著。过去 300 年,我国经历了清朝、中华民国和中华人民共和国三个不同的政治时期,其中清朝统治时间长达 200 余年,占整个时段的 2/3 以上。在清朝统治时期,我国人口急剧增长,使得土地覆被的变化愈加迅速。根据葛剑雄(2008)、曹树基(2001a)、曹树基和陈意新(2002)的研究,清初我国人口约为 1.6 亿,至清中期人口翻了一番,至咸丰元年(1851 年)人口首次突破 4 亿大关。人口激增带来了农业垦殖的空前繁荣,森林大规模被垦殖和砍伐,耕地面积经历了清前中期快速增长阶段、清后期低速增长阶段后,耕地总面积由清初的 42.4×10^4 km² 增加到清末的 88.57×10^4 km²(曹雪等,2014);同期,森林面积大幅度下降,从清初的 248.13×10^4 km² 快速减少到清末的 160.13×10^4 km²(何凡能等,2007)。中华民国至中华人民共和国成立之初,人口从 4.03 亿快速增长到 1952 年的 5.68 亿(潘倩等,2013),耕地面积经历了民国时期的波动阶段和中华人民共和国成立初期的剧烈增长阶段后，增加至 $144.22×10^4$ km²（曹雪等，2014）；同时，森林面积减少到历史的最低点 $109.02×10^4$ km²（何凡能等，2007），变化趋势见图 1-2。

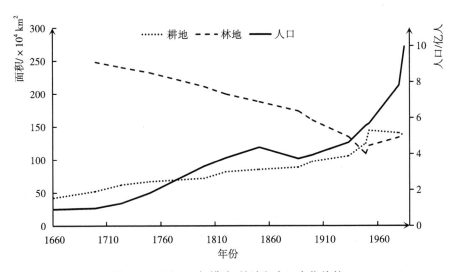

图 1-2 近 300 年耕地、林地和人口变化趋势
注：耕地、林地和人口数据分别来自曹雪等（2013）、何凡能等（2007）和潘倩等（2013）。

受人口膨胀对粮食、木材以及薪炭需求的驱动，历史时期大量森林被砍伐或被垦殖为耕地，历史耕地拓垦和林地退化具有较好的正相关性，表现在空间上呈现"耕进林退"的一致现象（葛全胜等，2008a）。同时，土地开垦为耕地或森林砍伐活动会清除地表的原生植被，移走的用于不同用途的生物量最终以不同氧化速率释放二氧化碳进入大气圈，遗留原地的枯枝落叶在分解者的分解和氧化作用下进入土壤，增加土地有机碳库的来源；此外，垦殖和砍伐活动改变了土壤表层的植被覆盖状态，雨水的冲刷和侵蚀直接作用于裸露的土壤，加之耕作活动对土壤不断地翻耕搅拌，加剧了土壤有机碳的释放。

综合而言，历史时期的土地利用/覆被变化作为全球变化研究的重要组成部分，深化其研究对开展区域长时间尺度气候变化模拟研究、诊断气候形成机制、辨识气候系统对自然和人类强迫敏感性、预测未来气候变化等方面具有重要理论意义和实践意义（刘纪远等，2014；杨绪红等，2016）。而当前全球性的土地利用数据集由于在地类数量估算、空间分配方法上过于粗糙，其数据只适用于全球尺度,而不能作为区域研究的依据。中国近 300 年来以农林地为代表的土地利用变化较为显著,此外,丰富的人丁、赋税、田亩等文献记载和土壤、植被研究成果为历史 LUCC 重建研究及碳排放效应核算提供了充实可信的基础数据源,使得中国成为世界上开展历史时期土地利用格局重建和效应研究的优良实验场。

1.2 研究目的与意义

1.2.1 研究目的

选取人口快速增长、土地利用与覆被急剧变化的近 300 年为研究期,以行政区划较为稳定、历史数据较为丰富完整的中国现代行政边界①下近 300 年来农林地空间格局重建及其碳排放核算为研究对象,采用"基于数量重建进行地类分层空间重建"的基本思路,结合"自下而上"空间演化模型和簿记模型进行历史时期高网格分辨率下的农林地空间格局重建及其碳排放总量核算,以阐明近 300 年来中国农林土地利用对陆地生态系统碳储量的影响。

1.2.2 研究意义

拟通过本选题的研究,在加深和促进对过去 300 年来中国历史农林土地利用空间格局及其土地利用/覆被变化对陆地生态系统碳储量影响等方面有进一步的理解与掌握,为应对人类活动引致的土地利用/覆被变化导致的气候变化、生态环境变化提供基础数据支持和经验借鉴。总体而言,本研究的主要科学意义和实践意义在以下几方面:

第一,从理论层面而言,通过对近 300 年引导和控制中国土地利用与覆被过程的耕地、林地进行时空格局重建与碳排放核算,有利于加深对其时空变

---

① 本书所涉数据类型不包含港澳台地区数据,但不影响全国尺度的数据核算,特此说明,后文不再赘述。

化过程和环境效应的理解,为长时期和全地类的历史时期土地利用与覆被变化及其生态环境效应研究提供参考。

第二,从方法层面而言,充分考虑耕地和林地历史变化的地理过程,显化地类演化与配置规则的空间表达,通过数量控制、边界控制和规则控制,基于模型模拟的"自下而上(bottom-up)"空间演化法开展历史时期耕地和林地的综合重建,并在簿记模型参数中国化的基础上核算近 300 年来农林土地利用引起的碳排放,为丰富历史时期土地利用空间重建和碳排放效应核算研究提供方法借鉴。

(3) 在成果实践方面,通过建立高分辨率、多断面时空连续的农林土地利用数据集,为评估国家尺度历史土地利用的气候和生态环境效应研究提供数据基础,同时,在全球变暖的大背景下,估算的国家尺度历史土地利用/覆被变化导致的碳排放结果,能为应对国际气候变化谈判、分担气候变化责任提供数据支持。

1.3　研究内容、思路与技术路线

1.3.1　研究内容

依据和服务于研究目标,本选题的主要研究内容包括历史时期农林地数据及其基础地理信息数据收集与建库,近 300 年来中国耕地和林地空间格局网格化重建研究,近 300 年来中国农林土地利用导致的陆地生态系统碳排放核算研究。

1.3.1.1　历史时期农林地数据及其基础地理信息数据收集与建库

历史文献中包含大量与历史时期土地利用数量及空间格局变化有关的信息,为直接或间接研究历史土地利用变化提供了重要的数据基础。以统计年鉴、文献、学者研究成果、地形图等为数据源,以清初 1661 年以来的人口、耕地、林地等数据为收集对象,对其按时间、空间尺度进行提取、恢复、甄别、修正和空间显化,并收集对影响耕地和林地空间分布的影响因子如地形、高程、坡度、河流水系、气候、土壤质地等数据,构建服务于历史土地利用空间重建的基础地理信息数据库平台。

1.3.1.2　近 300 年来中国耕地和林地空间格局网格化重建研究

针对近 300 年来中国土地利用变化的主要特点,以引导和控制土地利用变化过程的耕地、林地为重建对象,考虑地类空间演化特征和数据空间可视化的可行性,在典型时间断面的历史土地利用数量控制和边界控制下,采用不同模型重建方法构建耕地和林地的空间反演规则,通过参数识别、修正、结果精度检验后开展典型时段历史耕地和林地空间格局重建。

1.3.1.3　近 300 年来中国农林土地利用导致的陆地生态系统碳排放核算研究

基于现代自然植被分布图和潜在自然植被分布图,分情景构建开垦前的历史自然植被空间分布格局,以重建的近 300 年中国农林地空间格局为依据分高、中和低情景推算土地利用变化率,在修正植被和土壤碳密度的基础上,调整土地干扰响应曲线参数后,应用簿记模型的原理和计算方案,分省逐年核算近 300 年来不同干扰情景下中国农林土地利用导致的陆地生态系统碳排放。

1.3.2　研究思路

本研究是在历史耕地、林地数据收集的基础上,综合 GIS 技术和空间建模方法对近 300 年来中国农林地空间格局开展高网格分辨率重建研究,进而利用簿记模型分省核算不同干扰情景下的中国农林土地利用导致的陆地生态系统碳排放,具体的研究思路采用"数据收集—格局重建—效应分析"的研究模式(见图 1-3)。

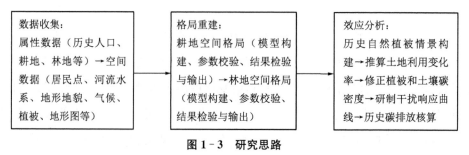

图 1-3　研究思路

1.3.3　技术路线

本研究的总体技术流程包括以下几部分:

1.3.3.1　已有研究成果的归纳与总结

梳理国内外关于历史土地利用空间格局重建及其碳排放核算研究成果,归纳其历史土地利用空间格局重建研究范式、研究思路、模型假设、重建方法、时空尺度、产品特征和历史碳排放核算模型、碳密度、植被和土壤核算等方面的研究进展。

1.3.3.2　历史农林地及其基础地理数据库构建

收集和整理近 300 年来中国人口、耕地和林地等各类属性数据,比对分析各类数据的异同,根据历史土地利用变化趋势和特征,筛选一套适合本研究的多时点分省/区的历史耕地、林地数据集,并进一步收集影响和表征历史耕地、林地空间部分的空间地理数据,如地形、地貌、气候、水文、土壤、居民点、地形图等,构建一个服务于历史土地利用空间格局重建研究的基础地理数据库。

1.3.3.3　近 300 年中国耕地空间格局重建

历史耕地重建采用现代耕地格局作为历史耕地的最大潜在分布范围,依据区域耕地垦殖适宜性和耕地集中分布原则,在一定时期的耕地数量控制和边界控制下,构建耕地空间反演规则,采用分区同步约束性 CA 模型方法,通过参数识别和修正后进行历史断面耕地空间格局重建。

1.3.3.4　近 300 年中国林地空间格局重建

采用基于潜在自然植被和现代遥感手段观测到的有林地生成土地垦殖前历史林地潜在分布最大范围,综合考虑行为主体垦殖历史潜在林地用作耕地和农用地、砍伐林木用作薪炭和建筑用材导致的历史潜在林地增减变化,对潜在林地被垦殖和植被被砍伐的可能概率进行评估,依据地类转换可能概率大的地方潜在林地被优先破坏的原则,不断缩减土地垦殖前历史林地潜在分布最大范围,直至缩减后的林地规模等于通过历史文献修订后的林地规模时输出模拟结果,进而重建近 300 年来中国 6 个时点 1 km×1 km 网格分辨率下布尔型的历史林地空间分布格局。

1.3.3.5 近 300 年来中国农林地导致的陆地生态系统碳排放核算

对现代自然植被类型图中受人类活动干扰的农业植被和人工植被予以分情景替换成未受人类活动干扰的历史自然植被类型,参考土壤质地、地形地貌等因素修正植被和土壤碳密度值,依据重建的历史耕地和林地空间格局依次推算出不同情景下的土地利用变化率和森林收获率,构建森林、灌丛、荒漠、草地和沼泽五种不同生态系统下的干扰响应曲线参数,应用簿记模型分省逐年核算耕地和林地变化导致的陆地生态系统碳排放总量。具体技术路线见图 1-4。

1.4　组织框架

本研究以历史耕地和林地空间格局重建及其碳排放核算为主线,按 7 章组织本书。第 1 章是绪论部分,主要介绍研究背景、意义和研究目的、内容以及技术方案等;第 2 章是研究进展评述部分,从历史土地利用空间重建和土地利用/覆被变化的碳排放效应入手,重点讨论了历史土地利用空间重建思路、范式、主要方法、精度评价和土地利用类型与方式转换的碳排放机理、效应,以及主要的碳排放核算模型和结果的不确定性;第 3 章介绍了研究区概况和数据收集情况;第 4、5 章基于自下而上的空间演化方法对历史耕地和林地空间格局开展了重建研究;第 6 章核算了近 300 年来中国耕地和林地变化导致的碳排放总量;第 7 章是结论部分。

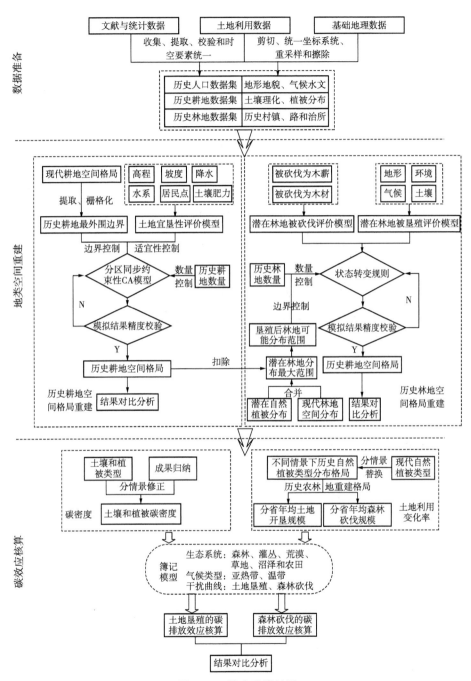

图 1-4　技术路线总图

参考文献

[1] Deng L，Liu G B，Shangguan Z P. Land-use conversion and changing soil carbon stocks in China's "Grain-for-Green" program：A synthesis [J] . Global Change Biology,2014,20(11).

[2] Foley J A，DeFries R，Asner G P，et al. Global consequence of land use [J]. Science, 2005, 309(5734).

[3] Future Earth Transition Team. Future Earth：Research for global sustainability [Z]. A framework document,2012.

[4] Goldewijk K K，Battjes J J. A hundred year (1890—1990) database for integrated environmental assessment （HYDE, version 1.1）[Z]. Bilthoven, the Netherlands：National Institute of Public Health and the Environment (RIVM),1997.

[5] Li T，Liu T，Cai H，et al. Relationship between gully erosion and underlying layers [C]//International Conference on Multimedia Technology. IEEE, 2011.

[6] Li S，He F，Zhang X. A spatially explicit reconstruction of cropland cover in China from 1661 to 1996[J]. Regional Environmental Change, 2016, 16(2).

[7] Long Y，Jin X，Yang X，et al. Reconstruction of historical arable land use patterns using constrained cellular automata：A case study of Jiangsu, China[J]. Applied Geography, 2014, 52(4).

[8] Ramankutty N，Foley J A. Estimating historical changes in global land cover：Croplands from 1700 to 1992[J]. Global Biogeochemical Cycles, 1999, 13(4).

[9] Sterling S M，Ducharne A，Polcher J. The impact of global land-cover change on the terrestrial water cycle[J]. Nature Climate Change, 2013,

3(4).

[10] 摆万奇,赵士洞. 土地利用变化驱动力系统分析[J]. 资源科学,2001,
23(3).

[11] 白淑英,张树文,张养贞. 土地利用/土地覆被时空分布 100 年数字重建:
以大庆市杜尔伯特蒙古族自治县为例[J]. 地理学报,2007,62(4).

[12] 曹树基. 清代北方城市人口研究——兼与施坚雅商榷[J]. 中国人口科
学,2001 (4).

[13] 曹树基,陈意新. 马尔萨斯理论和清代以来的中国人口:评美国学者近
年来的相关研究[J]. 历史研究,2002(1).

[14] 曹雪,金晓斌,王金朔,等. 近 300 年中国耕地数据集重建与耕地变化分
析[J]. 地理学报,2014,69(7).

[15] 樊杰,蒋子龙. 面向"未来地球"计划的区域可持续发展系统解决方案研究:
对人文—经济地理学发展导向的讨论[J]. 地理科学进展,2015,34(1).

[16] 冯永恒,张时煌,何凡能,等. 20 世纪中国耕地格网化数据分区重建
[J]. 地理科学进展,2014,33(11).

[17] 傅伯杰,邱扬,王军,等. 黄土丘陵小流域土地利用变化对水土流失的
影响[J]. 地理学报,2002,57(6).

[18] 葛剑雄. 中国历代人口数量的衍变及增减的原因[J]. 党的文献,2008
(2).

[19] 葛全胜,戴君虎,何凡能,等. 过去 300 年中国土地利用、土地覆被变化
与碳循环研究[J]. 中国科学:地球科学,2008,38(2).

[20] 何凡能,葛全胜,戴君虎,等. 近 300 年来中国森林的变迁[J]. 地理学
报,2007,62(1).

[21] 华文剑,陈海山. 全球变暖背景下土地利用/土地覆盖变化气候效应的
新认识[J]. 科学通报,2013,58(27).

[22] 李秀彬. 全球环境变化研究的核心领域:土地利用/土地覆被变化的国
际研究动向[J]. 地理学报,1996(6).

[23] 李巧萍,丁一汇,董文杰. 中国近代土地利用变化对区域气候影响的数
值模拟[J]. 气象学报,2006,64(3).

［24］林忆南，金晓斌，杨绪红，等.清代中期建设用地数据恢复与空间网格化重建：方法与实证［J］.地理研究，2015，34(12).

［25］刘纪远，张增祥，徐新良，等.21世纪初中国土地利用变化的空间格局与驱动力分析［J］.地理学报，2009，64(12).

［26］刘纪远，匡文慧，张增祥，等.20世纪80年代末以来中国土地利用变化的基本特征与空间格局［J］.地理学报，2014，69(1).

［27］吴绍洪，赵艳，汤秋鸿，等.面向"未来地球"计划的陆地表层格局研究［J］.地理科学进展，2015，34(1).

［28］潘倩，金晓斌，周寅康.近300年来中国人口变化及时空分布格局［J］.地理研究，2013，32(7).

［29］杨绪红，金晓斌，林忆南,等.中国历史时期土地覆被数据集地理空间重建进展评述［J］.地理科学进展，2016，35(2).

［30］郑璟，方伟华，史培军，等.快速城市化地区土地利用变化对流域水文过程影响的模拟研究：以深圳市布吉河流域为例［J］.自然资源学报，2009，24(9).

第 2 章 研究进展评述

自 1995 年国际地圈生物圈计划(IGBP)和国际全球环境变化人文因素计划(IHDP)提出土地利用/覆被变化(LUCC)计划以来,在 GAIM 和 PAGES (2000) 提出的 BIOME 300,IGBP 和 IHDP (2005) 提出的全球土地计划 (GLP),以及 ICSU、ISSC 和 IGFA (2014)提出的未来地球(Future Earth)等研究计划的共同推动下,重建过去 300 年全球土地利用和土地覆被的工作取得积极进展;同时,在国际地圈生物圈计划(IGBP)、国际全球环境变化人文因素计划(IHDP)、世界气候研究计划(WCRP)和国际生物多样性计划(DIVERSITAS)联合发起的以全球碳循环为主要研究内容的全球碳计划 (GCP)的顺利推进下,土地利用/覆被变化导致的碳排放核算研究取得了丰硕成果。本章从历史土地利用重建和土地利用变化的碳排放核算两方面对当前研究进展进行综述。

2.1 历史土地利用重建研究进展

土地利用是人类使用土地资源、改变自然环境的表现。不同的土地使用强度和类型也反映了不同历史时期人类各项地表活动的类型、强度和分布情况。国内外历史时期土地利用空间格局变化研究多从基础数据订正和空间格局重建两方面入手,形成了积极的研究成果。

2.1.1 国内外研究基本思路

综合国内外在历史 LUCC 空间格局重建方面的已有研究来看,现有国内外研究多遵循基于数量重建进行空间重建的基本思路(Yang et al.,2015a;朱枫等,2012;龙瀛等,2014)。数量重建主要通过查阅典籍、方志、税赋记录、统计资料和已有研究,甄别、订正所获数据后得到历史土地数量的统计信息;空间重建是以一定历史时期和一定区域范围的土地覆被空间格局重建为研究对象,借助一定的假设和 RS/GIS 技术支持,依据设定的转化规则、分配方法和约束条件,将历史土地数量统计数据空间化为具有一定时空分辨率的空间属性数据集的过程(见图 2-1)。

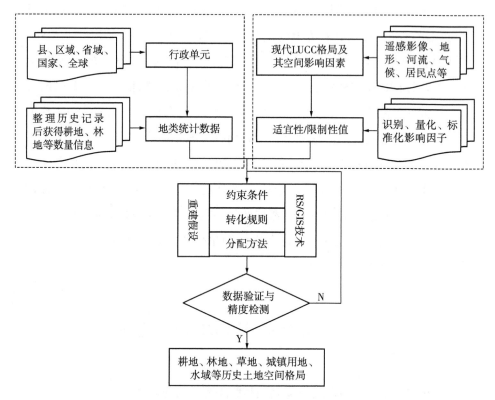

图 2-1 历史 LUCC 空间格局重建基本思路

2.1.2 重建基本假设

在进行历史 LUCC 空间重建前,一般会根据现代空间格局和自然、经济特征提出一系列重建假设(Ramankutty & Foley 1999;Pongratz et al.,2008;Gaillard et al.,2010;张洁等,2007;白淑英等,2007;林珊珊等,

2008；何凡能等，2011；李柯等，2011；李士成等，2012）。其中，数据假设、分布控制因素假设、限制因子假设以及结果假设是历史土地覆被数据空间重建的基石和基本准则。一是数据假设：① 当数据缺乏时，简单回溯算法更为有效；② 数据应尽量收集齐备，而不是单纯依赖于模型模拟；③ 相邻省份耕地面积变化的趋势相似，并假定历史时期各省内府、州之间的耕地面积以大致相同的比率变化。二是分布控制因素假设：① 历史记载数据可提供控制边界；② 历史时期的耕地垦殖率一般不超过现代水平；③ 现代耕地分布是历史耕地的最大潜在分布范围（李柯等，2011）；④ 行政区域内各栅格历史耕地比率固定；⑤ 在城市聚集区、人口密度小于 0.1 人/km² 的地区不分配耕地；⑥ 靠海岸和冲积平原的土地更适宜早期人类定居；⑦ 年平均气温＜0℃的地区没有农业活动；⑧湖泊、河流等水域不含人口；⑨ 可将耕地分配到县、副都统、协领设置对应的今址上，提高空间分辨率。三是限制因子假设：① 自然因素变化不大，可采用现代格局；② 农业发展与人口、劳动力密切相关，可用历史人口估计农业区位置；③ 地形、热量、气候条件是耕地分配的重要因素；④ 人们倾向于先选择地势平坦、海拔低的土地开垦耕种；⑤ 离河流、公路等的距离对土地分布有影响；⑥ 最可能的土地利用方式和实际利用方式可作为土地变化空间模拟的参考。四是结果假设：通过空间重建形成的结果不一定是真实的土地覆被，而是潜在覆被类型。在空间分配方面，现有研究无一例外地都基于当代空间格局，并假设历史土地利用的空间格局和现代格局具有相似性，但不同方法对这种相似程度的控制不尽相同。

2.1.3 重建基本方法

根据所采用的数据源、研究思路及方法的不同，历史土地覆被重建在基本方法上可分为基于历史记录的还原法和基于地理空间模型的重建法。

2.1.3.1 基于历史记录的还原法

历史记录（地方志、档案、地籍、影像、地图、花粉、沉积物、遗址等）中包含历史时期土地利用规模以及格局变化的重要信息，为直接或间接研究过去土地利用变化提供了数据资料（Yang et al.，2014）；按历史记录的介质表达形式不同，可将历史 LUCC 重建方法分为基于历史纸质记录的还原法和基于历史自然记录的还原法。

（1）基于历史纸质记录的土地利用格局还原法

人类活动对陆地表层进行各种改造的最终结果大多以纸质介质得以流传，这些纸质资料包括土地税、文献、地方志、史志、地名志、游记、个人笔记、地形图、地籍图、景观图等，直接或间接地从这些资料中提取历史时期的LUCC信息，对其按时间、空间尺度进行提取、恢复、甄别、修正和空间化后，为定性或半定量地分析历史LUCC提供了有利证据。这种LUCC重建方法依赖于历史文献的丰富程度和可辨别性，资料整理过程较为烦琐、耗时，且受资料的可获得性制约，其重建的时间、空间尺度有限，大部分研究成果空间分辨率在省级区域和某个行政单元或地理形态比较完整的区域。例如，葛全胜等（2003）利用清代官修地方总志、民国政府与金陵大学的调查统计数据以及国家统计局资料，重建了1661—1933年我国传统农区内18省的历史耕地面积，并分析了土地垦殖强度的时空差异；何凡能等（2002）以《嘉庆重修一统志》《清史稿》《清代地理沿革表》中的有关记载和考订，按府、直隶州、直隶厅、散州、散厅、县6个类别分省统计城垣周长里数，估算了清代1820年内地18省的城镇用地面积；何凡能等（2007）搜集正史、地方志、类书、游记、文人笔记、民国政府森林调查统计信息等，订正了1700年以来全国6个时间断面的历史森林面积，并探讨了森林的时空变化；何凡能等（2003）利用《陕西通志》《西安府志》《嘉庆重修一统志》等地方志的原始数据，重建了清代关中地区土地垦殖时空特征，并分析了土地垦殖的时空差异；叶瑜等（2009a，b）分别以方志、个人日记、年鉴、林业史、历史文献、历史专题地图等资料为基础，分别重建了过去300年东北地区林草地和耕地覆被变化状况；曾早早等（2011）利用地区县级地名志，依据不同的土地开垦类型对聚落地名进行划分，建立了吉林省聚落体系演变与农业土地开垦过程的空间格局；李为等（2005）基于《盛京通志》等历史文献，重建了清代东北地区土地开发过程及耕地规模；匡文慧等（2005）综合集成TM、SPOT遥感影像，地形图、历史专题地图，重建了1900年以来长春市土地利用空间扩张过程；颉耀文等（2014）利用人类遗址、地方志、古今地图、遥感影像等资料，结合实地考察，在地理信息系统技术的支持下，对黑河流域历史时期水资源利用与农业活动范围的空间格局进行重建。

（2）基于历史自然记录的还原法

除了纸质记录外，人类活动的历史记录还表现在"痕迹"上，即人类历史活动在陆地表层留下的足迹，其记录主要表现为孢粉、人类遗址、动植物化石、木屑炭、树轮等自然记录；通过地质测年、碳追踪、考古学等分析手段，可以了解自然记录的年代、气候、自然植被和人类活动特征，重建 LUCC 的时间尺度可以跨越几百上千年甚至万年。例如，丁伟等（2011）筛选了不同气候条件下人类活动的指示性和代表性花粉类型，探讨了中国东部暖温带低山丘陵区表土花粉对人类土地利用活动的指示意义；史威等（2008）采集了中坝遗址中的文化堆积物，辅之以树轮校正后结合物器推定时代，建立了该遗址的综合剖面时间序列和人类土地利用活动的阶段特征。但基于历史自然记录还原法重建 LUCC 格局时，得到的重建结果大多为各土地类型面积等统计值或中宏观的土地利用格局，缺乏明确的地理空间属性信息。为更好地模拟历史土地利用的气候、生态效应，必须建立高精度高分辨率的空间化土地覆被数据集。

2.1.3.2　基于地理空间模型的重建法

通过分析历史 LUCC 的变化过程、机理和驱动机制，用数学语言抽象化具体的人类土地利用行为，构建 LUCC 重建模型，可有效地反演过去 LUCC 的空间情景和变化速率。LUCC 模型重建是土地利用数据的网格化过程，朱枫等（2012）基于历史土地利用重建模型是否依赖于现代土地利用格局，按"完全依赖""部分依赖"和"动态依赖"将 LUCC 重建模型分类，这种划分方法虽然反映了模型算法的差别，但未能揭示不同模型的演化机理，其本质依旧是适宜性配置模型。按模型重建的机理和特征，此处将地理空间模型重建法具体分为"自上而下"的配置模型和"自下而上"的演化模型。

（1）"自上而下"的配置模型

"自上而下"的配置模型的一般过程是将数量重建获得的历史土地利用类型面积按照土地适宜性、人口密度或现代土地利用格局进行空间配置，将相应的用地数量分配到空间网格中。按其配置时的分配方式分为两种。

一是按土地适宜性高低进行空间配置。首先基于史料获得历史时期土地利用各类型的面积数量，而后筛选并量化历史土地利用空间分布影响因子，如历史人口、地面高程、地形坡度、距河流距离、距村镇聚落点距离等，结合现代土地利用空间格局构建土地适宜性函数,依据适宜性从大到小配置历史土地数量,实现历史土地利用的网格化。如林珊珊等(2008)选取人口及地形坡度作为历史耕地空间分布影响因子,构建了农垦人口引力模型和农垦地形引力模型,网格化了中国传统农区 6 个历史时间断面的耕地空间格局分布;何凡能等(2011)和李士成等(2012)分别沿用林珊珊等(2008)的网格化方法,在对人口和田亩数据进行订正后,分别重建了北宋中期和清代西南地区耕地空间分布格局;李柯等(2011)基于 MODIS 土地覆被遥感数据,以地表高程和坡度为影响因子构建宜垦适宜性函数,网格化重建了 1671 年和 1827 年云南省耕地数据集;颉耀文(2013)等基于地面坡度、海拔等自然因子和人口密度等社会经济因子,按 5 km×5 km 的网格单元,采用垦殖率方式,重建了公元 2年、140 年、753 年和 1290 年黑河流域中游的耕地分布格局;李士成等(2014)和何凡能等(2014)分别遴选并量化土地宜垦性的主导因子,构建以土地宜垦性为权重的历史森林覆被网格化模型,分别网格化了我国东北地区和西南地区的森林空间格局;此外,冯永恒等(2014)、张丽娟等(2014)、罗静等(2014,2015)以及李士成等(2015)分别选择人口、地形坡度、现代土地垦殖强度构建土地宜垦性评价,依据宜垦性高低分别网格化了中国全域、黑龙江省和青藏高原河湟谷地以及青海和西藏的耕地空间格局;姜蓝齐等(2015)采用自上而下的适宜性分配方法,从不同的耕地控制分布图层出发,重建了清末(1908年)松嫩平原耕地空间格局。

二是依据历史人口密度或现代土地利用格局将重建土地利用类型数量配置到网格。这种配置方法认为现代土地利用格局是人类活动对陆地表层施加影响、进行改造的累计结果,当代的人口密度和土地利用格局已暗含了历史格局信息,不考虑土地适宜性对土地利用格局分布的影响,而是将人口密度或现代土地利用格局作为历史 LUCC 重建的指示因子,依据其值的高低配置土地类型面积。如 HYDE 1.1(Goldewijk & Battjes,1997)和 HYDE 2.0(Goldewijk,2001)版本将现代人口密度作为土地格局分配的底图,依据历史人口数量高低在此底图内配置土地类型面积;SAGE 数据集(Ramankutty,1999)、Liu & Tian(2010)和 Tian 等(2014)分别收集历史土地统计数据后,将当代遥感影像解译的土地利用格局作为分配底图,依据历史统计数据与遥感解译后的面积数据的比值,将历史地类数量配置到底图内生成历史土地利用格局。

(2)"自下而上"的演化模型

"自上而下"的配置模型法是一种传统的静态模型,缺点是仅依赖计量分析方法寻找潜在的土地利用分布格局。"自下而上"的空间演化模型不同于前者的主要区别在于地类数量网格化时考虑了人类的土地利用行为,不再简单地仅依据适宜性或人口密度值进行地类规模的空间配置,而是在重建模型中同时嵌入各种表征人类土地利用行为的规则和人工智能算法后,通过网格单元逐次循环迭代后反演历史土地利用格局。例如白淑英等(2004,2007)、Long 等(2014)和 Yang 等(2015b)考虑到邻近耕地的非耕地块易于被人类垦殖而嵌入邻域开发密度函数,分别基于元胞自动机的空间演化模型模拟了历史时期杜尔伯特县全地类、江苏省和山东省的耕地空间格局;Ray 等(2010)考虑到多期土地利用遥感数据之间暗含有土地利用转化规律而嵌入了人工神经网络算法,结合 GIS 技术,采用分步土地利用转化方法,以美国密歇根马斯基根河流域为例反演了建设用地、耕地、林地的空间分布;此外,Yang 等(2015a)考虑到由不同空间差异引致的耕地演化规律的空间异质性和演化速率的空间差异性,构建分区同步的约束性 CA 模型,模拟了中国传统农区历史耕地空间分布。"自下而上"的空间演化模型法用于前向土地利用预测模拟如城市扩展等,研究较为深入,而当前对后向反演研究尚处于起步阶段,模型的核心不仅要考虑空间配置中的土地利用约束因子的筛选、量化和标准化,更需考虑人类的土地利用行为特征和如何将其用数学语言抽象成函数后嵌入模型中。

图 2-2 阐述了"自上而下"的配置法与"自下而上"的空间演化法在重建结果方面的差异。在控制其余变量的前提下,采用比例型数据表达(第一行)时,"自上而下"配置法生成的历史耕地重建空间格局完全等同于现代耕地空间格局,仅在各个网格的耕地比例上存在差异,如 Li 等(2016)和魏希文等(2016)即采用该种方法和数据表达形式;当采用布尔型数据表达(第二行)时,"自上而下"配置法生成的历史耕地空间重建格局相似,但不完全等同于现代耕地空间格局,此时会优先缩减适宜性较低的耕地网格,代表性成果如

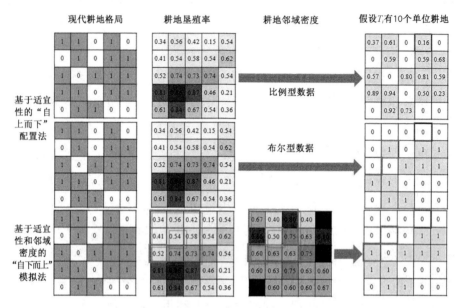

图 2 - 2　基于地理空间模型的重建结果差异分析

HYDE 1.1。考虑到邻域耕地密度和耕作适宜性后,"自下而上"的空间演化法重建的历史耕地首先会缩减零星分散、适宜性低的耕地网格,重建的历史耕地空间格局相似但不完全等同于现代耕地空间格局,代表性成果有龙瀛等(2014)、Yang 等(2015a, 2015b)。从图 2 - 2 第四列可进一步得知红色框是数据表达格式造成的格局差异,而绿色框即采用的方法不同造成重建格局在空间上的差异,"自下而上"的空间演化法考虑了表征人类活动的集聚效应和规模效应,认为零星分散的地块是最后被开垦的,可优先在回溯模型中剔除这部分地块,故重建的耕地格局不完全等同于采用布尔型数据表达的"自上而下"配置法。

　　综上而言,历史土地利用格局研究使用的数据源逐渐多样化,其重建的方法也逐渐多元化。在不同时空研究尺度下,不同数据源和重建方法的适用性以及数据精度各有优缺点。一般来说,研究的时空尺度越小,其研究的难度、重建结果的精度和可靠性就越大,见图 2 - 3。例如,纸质记录的收集难度大、覆盖范围小、资料整理费力耗时,却是研究微观区域历史土地利用数量变化的优先选择;遥感影像具有明确的时间和空间属性,但数据的可追溯时段仅几十年,一般仅作为模型模拟的底图;自然记录的地质时期过长,不适宜百十年尺度研究;模型模拟的时空尺度可大可小,其重建结果的精度严重依赖于模型的转化规则和历史土地利用数量重建成果。此外,针对各子系统内地类的空间配置问题,空间配置方法大都采用统一的空间配置准则和参数设置,这虽考虑了地理现象分布的空间同质性,但忽视了其空间异质性和差异性,易造成空间配置结果在适宜性较高区局部聚集和适宜性较低区零星分散,违背实际分布格局。

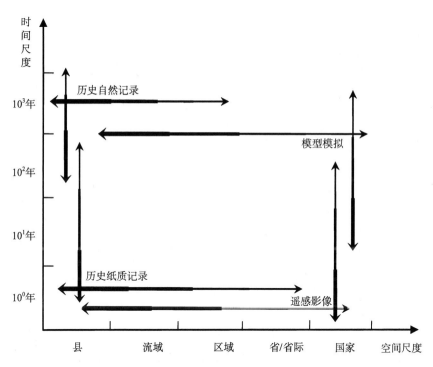

图 2 - 3   不同重建方法的时空标尺及其精度
注:线段愈粗表征精度和可靠性愈高。

2.1.4   覆盖中国区域的历史土地覆被数据集典型成果

基于文献析出法,以中国知网(www.cnki.net)和 Web of Science 为数据源,对以中国(或其内部)为研究区,具有明确地理空间属性的历史土地覆被数据集进行整理,典型成果见表 2 - 1。

表 2 - 1　中国区典型历史土地覆被格局重建数据集成果

作者	模型/方法	地类	影响因子	时段类型	时段（年）	数据结构	空间分辨率	研究尺度
Ramankutty and Foley	比例修正法	耕地、草地	现代土地利用格局	连续断面	1700 年至今	比例型	0.5°	全球
Hurtt et al.	土地类型转化模型	耕地、草地	HYDE 数据集、潜在生物量	连续断面	1700 年至今	比例型	0.5°	全球
Goldwijk et al.	基于土地适宜性的空间配置模型	耕地、草地	人口、地形坡度、与河流距离、城镇分布、林地分布、潜在植被	连续断面	10000 BC—2000 AD	比例型	5′	全球
Pongrats et al.	比例修正法	耕地、草地	人口、潜在植被	连续断面	800—1700	比例型	0.5°	全球
Liu and Tian	历史土地空间配置模型	全地类	人口密度、2000 年土地利用现状	连续断面	1700—2005	比例型、布尔型	10 km	中国
Li et al.	历史耕地数据网格化重建模型	耕地	坡度、高程、气候生产力潜力	典型断面	1661,1724,1784,1820,1873,1933,1980,1996	比例型	10 km	中国
冯永恒等	分区网格化模型	耕地	坡度、高程、人口密度、现代耕地垦殖率	典型断面	1913,1933,1950,1970,1990,2000	比例型	10 km	中国
林珊珊等	网格化重建模型	耕地	海拔、坡度、人口	典型断面	1820	比例型	60 km	中国传统农区

（续表）

作者	模型/方法	地类	影响因子	时段类型	时段（年）	数据结构	空间分辨率	研究尺度
何凡能等	网格化重建模型	耕地	海拔、坡度、人口	典型断面	1077	比例型	60 km	中国传统农区
Yang et al.	分区同步历史耕地重建模型	耕地	坡度、高程、水系距离、降水、居民点	典型断面	1661,1724,1820,1887,1933,1952	布尔型	1 km	中国传统农区
张洁、陈星	网格化重建模型	耕地、林地、水域	现代土地利用格局	典型断面	1724,1784,1820,1887,1933,1955	比例型	0.5°	中国东部
李士成等	网格化重建模型	林地	地形（海拔、坡度）、气候生产潜力	典型断面	1780,1940	比例型	10 km	东北三省
叶瑜等	垦殖率重建法	耕地	人口数量	典型断面	1683,1735,1780,1908,1914等14个断面	数量和垦殖率	分县	东北三省
张丽娟等	垦殖倾向指数模型	耕地	聚落、地形、水系	典型断面	1900s	比例型	1 km	黑龙江省
何凡能等	网格化重建模型	林地	地形（海拔、坡度）、气候生产潜力	典型断面	1724,1784,1820,1873,1911	比例型	10 km	云南、贵州、四川和重庆
李士成等	网格化重建模型	耕地	海拔、坡度、气候生产潜力、人口密度	典型断面	1661,1724,1784,1820,1873,1911	比例型	10 km	云南、贵州、四川和重庆

（续表）

作者	模型/方法	地类	影响因子	时段类型	时段（年）	数据结构	空间分辨率	研究尺度
Long et al.	历史耕地重建模型	耕地	土壤侵蚀、pH、有机质、居民点、水体	典型断面	1661,1820、1887,1933、1980	布尔型	1 km	江苏
李士成等	历史耕地数据网格化重建模型	耕地	坡度、高程	典型断面	1910,1960、1980,2000	比例型	1 km	青海与西藏
Yang et al.	历史耕地重建模型	耕地	坡度、高程、水系距离、土壤肥力	典型断面	1661,1685、1724,1753、1820,1873、1887,1933	布尔型	1 km	山东
李柯等	网格化重建模型	耕地	海拔、坡度	典型断面	1671,1827	比例型	90 m	云南省
颉耀文等	网格化重建模型	耕地	海拔、坡度、人口	典型断面	2,140、753,1290	比例型	5 km	黑河流域中游
罗静等	基于土地适宜性的空间配置模型	耕地	海拔、坡度、气候生产潜力	典型断面	1726	比例型	2 km	青藏高原东北河湟谷地
白淑英等	土地利用数字重建模型	全地类	光、热、水、土等自然条件和人口、居民点、道路等社会经济条件	典型断面	1950s,1930s	布尔型	县	黑龙江大庆市杜尔伯特县

2.1.4.1　重建的主要地类及结果表达

历史土地覆被空间重建类型的丰富程度受基础数据的可获得性和重建方法的复杂性限制。历史典籍中关于历史耕地数据、人口数量的记载较为充足,具有较好的时间序列,且重建耕地数量的代用指标如赋税记录等也较为丰富,使得历史耕地空间格局重建研究明显多于和先于其他地类(魏学琼等,2014)。由于历史上对林地、城镇用地和牧草地的数量记载并不丰富,涉及城镇用地的史实少之甚少,虽有部分学者通过假定历史耕地面积的增加是以森林砍伐与退化为前提的,重建了我国西南和东北地区的历史林地格局,但仅形成区域性的重建结果,暂未对城镇和农居点空间重建开展探索;由于这些地类的重建规则难以建立,故当前仍以单一地类或两种地类联合重建为主,全地类重建的研究较少。

从重建结果的数据表达形式来看,包括比例型数据(如垦殖率等)和布尔型数据(逻辑数据类型,是或不是)。因在栅格内部的土地覆被具体空间位置不明确,比例型数据能较好地服务于气候、生态模型对大时空尺度的地类要求,而布尔型数据能提供地类的绝对位置信息,故在高分辨率栅格单元内得以有效运用。尽管比例型数据仅提示栅格中存在一定比例的地类,"模糊"了地类的具体位置,却间接地提高了重建结果的可靠性,并能较为方便地转化为布尔型数据,故成为当前主流数据集的首选数据格式。但也有学者如 Liu和 Tian(2010)采用相同的算法生产了比例型与布尔型的中国全域数据集。

2.1.4.2　数据集的时空特性

从研究的时段跨度来看,大多集中于近 300 年(匡文慧等,2009;李美娇等,2016;林忆南等,2015,2017),国外的长时间序列研究可追溯至过去12000 年(Goldewijk,2001),国内研究也有涉及千年尺度的汉(颉耀文等,2013;颉耀文和汪桂生,2014)、唐(吴致蕾等,2017)、宋(何凡能等,2011,2016)、元(史志林等,2014)等朝代;从重建结果的时间特征来看,可进一步分为典型历史断面和连续时间断面。典型历史断面的选取多基于朝代更替、方志或统计资料的记录时段,其时间分辨率较为多样化,如叶瑜等(2009b)研究过去 300 年东北地区耕地覆盖时,时间分辨率介于 6 年至 45 年;受数据限制,Lin et al.(2009)、何凡能等(2011)、罗静等(2014,2015)仅选取一个历史断面进行了耕地重建；而当时间分辨率达到代际甚至年际(1—50 年)时，通常是基于算法回溯获得，其重点关注数据的长时间序列特征，或是对不同数据源进行数量修正。

从空间尺度而言，可以分为全球、全国和区域性三类。除 SAGE、HYDE 等全球数据集之外，中国区域性成果通常包括：① 全国，主要代表有 Liu et al. (2010)的全地类重建、冯永恒等(2014)的耕地分区重建和 Li 等(2016)的耕地重建；② 典型区域，如中国传统农区耕地、东北三省耕地和森林、西南地区耕地和森林、东部省份耕地、黑龙江省耕地、江苏省耕地、云南省耕地、黑河流域耕地、青藏高原河湟谷地耕地以及青海和西藏耕地重建等；③ 市(县)尺度，如大庆市杜尔伯特县、吉林省镇赉县等(白淑英等，2004；Yang et al.，2017)。研究的空间单元大多基于行政区划或采用空间栅格，栅格空间分辨率的设计主要考虑数据应用和与其他模型的衔接，如气候模拟、生态效应分析或土地空间特征等精细研究的需要，栅格分辨率包括 $0.5°×0.5°$、$5'×5'$、$60\ km×60\ km$、$10\ km×10\ km$、$5\ km×5\ km$、$1\ km×1\ km$、$90\ m×90\ m$ 等不同尺度。

2.1.4.3 典型数据集对比

目前，以近 300 年为重点的中国历史土地覆被重建取得了积极的研究成果，但由于数据源、研究方法、重建假设、验证方式等的差异，不同数据集的重建结果差异显著。以具有代表性的 SAGE(2010)、HYDE(3.1)、CHCD 和 HCTC 数据集为例进行对比分析，主要结果如下(见图 2-4、2-5)：

(1) SAGE 和 HYDE 数据集均采用"自上而下"的空间配置法，以 DIScover 与 GLC 2000 遥感数据(精度分别为 66.9%、68.6%)中的耕地格局作为历史耕地的最外围边界。囿于现代耕地格局底图精度、历史耕地数量来源和采用的影响因子各异，其重建的耕地空间格局差异较大且不符合我国耕地垦殖过程。已有学者论证表明，上述数据集应用于区域模拟研究时，无论耕地数量估算，还是空间分配方法都过于粗糙，其数据只适用于全球尺度，而不能作为区域研究的依据。

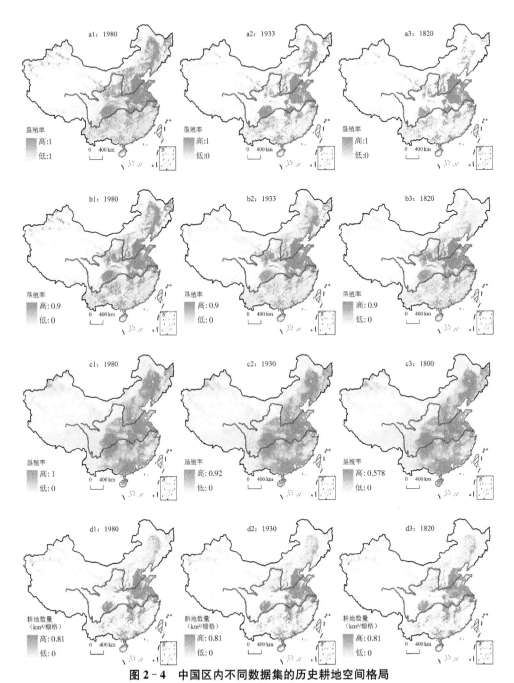

图 2-4 中国区内不同数据集的历史耕地空间格局

注:a 为 HCTC,改自 Yang et al.(2015a);b 为 CHCD,源自 Li S et al.(2015);c 为 SAGE 2010,源自 http://www.sage.wisc.edu/iamdata/;d.为 HYDE 3.1,源自 http://themasites.pbl.nl/en/themasite。

审图号:GS(2016)1549 号

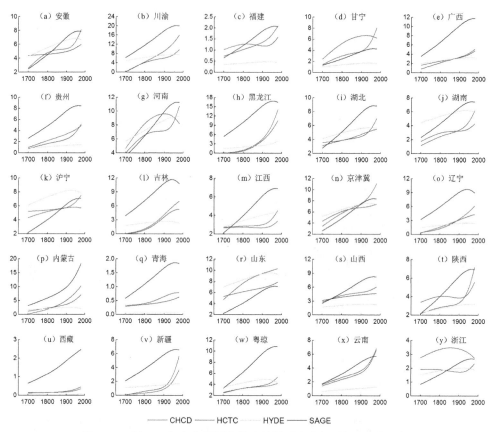

图2-5　近300年来中国历史耕地数量对比分析(单位:10^4 km²)

（2）SAGE数据集中1720年以来省际耕地数量以年均增长率0.51%呈线性增加,到1950年之后又以0.34%的速度线性递减,这种线性递增、递减重建算法使得各省间耕地数量呈现统一变化规律;同时,除山东、浙江与京津冀地区外,其余各个省份耕地数量明显高于其他数据集。

（3）相较于HCTC、CHCD等国内数据集,HYDE数据集的耕地在贵州、山西、陕西、福建、云南和浙江等省份存在偏低现象,而在山东、沪宁地区、湖南、安徽、江西等省存在偏高现象,福建、湖南、云南、贵州四省外的其余省/地区平均相对差异率均介于0~45%。

（4）CHCD和HCTC在基础数据订正整理上采用了相似的历史资料,并都利用了刘纪远等(2014)生产的现代土地利用格局成果(精度99%以上),故两者历史耕地总量及区域变化趋势较为一致,但由于采用了不同的重建方法(CHCD 以现代耕地格局为底图采用"自上而下"的配置模型法;HCTC 采用"自下而上"的演化模型法,耕地格局重建考虑了农户土地利用行为和垦殖过程),两套数据在东北、西北和西南等历史垦殖边界区域的重建格局上存在显著差别。

(5) 即使利用相似的数据来源,由于重建方法和影响因子选择、量化的不同,其重建结果也将存在较大差异。为融合多元数据,进一步提高模拟精度,历史土地覆被重建方法研究仍有待进一步深入。

2.1.5　结果验证与精度评价

通过历史记录还原或模型重建生成的历史时期土地利用空间格局,都有必要进行详细的格局检验。根据现有研究成果所使用的验证方法与研究思路不同,可将历史 LUCC 数据集验证与精度评价方法归纳为以下几个方面:

2.1.5.1　直接验证法

直接验证法是将重建的历史时期土地利用空间格局结果直接与同一时空背景下的遥感影像、农户调查记录、古遗址等进行点对点比对验证,得出的结果可信度较高。如 Fuchs 等(2012)选择了欧洲 1950 年和 1990 年的 73 个样点遥感影像与模型重建结果进行居民点、耕地、林地、草地的点对点比对验证,得出了模型反演时段越久远其模拟误差将越大的结论。国内遥感影像能追溯到的最远时期大概在 20 世纪 80 年代,故在此方面的应用较少。但也有学者尝试用农户调查记录进行对比验证。如白淑英等(2007)在研究区的行政村内选择年纪较长的农户、任职多年的村干部等进行咨询和调查,得出模型重建的 20 世纪 30 年代杜尔伯特县土地格局具有一定的可靠性。此外,有学者如颉耀文等(2013)在模型重建时就将古城遗址和人类活动集中场所作为指示因子纳入了模型中,故重建结果自然能通过直接验证。重建结果的时空尺度越大时,可做对比的遥感影像或数据将越缺乏,故直接验证法只能应用于历史记录,尤其是空间数据丰富、涉及时段较近的微观区域研究中,对于较大时空尺度的重建结果验证不得不选择间接验证法。

2.1.5.2　间接验证法

间接验证法是在缺乏相同时空背景下可资对比的图件和农户调查资料时的妥协之举。根据其所采用的方法思路不同可分为:① 将重建结果与对应时期的历史文献记录或已有研究成果进行定性或定量的交叉对比。一般过程为提取重建结果中相关的土地利用规模和格局特征后,与对应时期的地方志、统计报告、已有研究从研究区全局定性描述和省(县)域以及栅格单元定量对比,分析重建结果在格局与规模上是否同历史记录和已有成果保持一致。如李柯等(2012)从全局角度将重建的土地利用格局与历史文献记载的相关史实进行了定性分析,论证了重建结果基本吻合史实;张丽娟等(2014)将重建结果分别与《黑龙江开发史》《黑龙江移民概要》进行人均耕地规模和移民垦殖方向对比后,又从县域尺度定量分析了重建结果与叶瑜等(2009b)的研究成果的区别;林珊珊等(2008)将模型重建的各省府耕地比例与《嘉庆一统志》册载的田亩数据进行 T 检验,论证了网格化重建模型的合理性;李蓓蓓等(2010)和何凡能等(2012)从全局、分省、栅格尺度出发,分别将中国东北地区和传统农区的重建结果与 HYDE、SAGE 数据集按绝对误差和相对误差进行对比分析,证实了国外数据集不能反映我国耕地变化的事实。② 利用所构建的模型模拟有遥感影像时期的土地利用格局后,将重建结果与遥感影像解译成果进行定量验证,间接论证所构建的模型具有模拟过去土地覆被格局的能力。20 世纪 80 年代末以来,我国开始注重对全国土地利用遥感影像的获取,中国科学院等单位先后生产了 20 世纪 80 年代以来共五期全国土地利用数据库,这为研究者检验重建模型提供了数据基础。如冯永恒等(2014)、罗静等(2014)利用已有的遥感解译数据,从县域和栅格尺度分析了模型重建的 20 世纪 80 年代耕地与同时期遥感解译数据的空间差异;李士成等(2014)、何凡能等(2014)分别从绝对误差和相对误差角度,分析了基于网格化模型重建的 2000 年东北三省和西南地区森林与同时期的遥感森林覆被数据的差异。

2.1.6　重建研究趋势

纵观现有研究,近年来历史 LUCC 空间格局重建在理论方法和实践应用等方面均取得了积极进展,但在土地利用变化的过程性、研究方法的适用性、研究结果的有效性等方面尚未形成统一认识。在现有研究的基础上,综合性和集成性势必将成为后期历史 LUCC 空间格局重建的重要特征,具体表现在以下方面。

(1) 数据源的综合

多源数据是开展历史 LUCC 空间格局重建之根基。中国拥有悠久的农业耕作史和未曾中断的文明发展史,其丰富的文献记载为我国历史 LUCC 空间格局重建提供了充足可信的数据,综合地方志、档案、地籍、影像、地图、花粉、沉积物、遗址等历史文献和自然遗迹记录数据源,通过提取、恢复、甄别、修正、空间化等方法重建历史土地利用类型的规模和格局是今后研究的主要趋势。

(2) 重建类型的综合

历史 LUCC 空间格局重建的重要任务之一是对历史时期的土地利用格局进行复原,并为长时间尺度气候变化模拟、诊断气候形成机制、预测未来气候变化等科学问题提供数据基础支持。而当前以耕地为主要研究对象的单地类研究成果难以满足全球变化相关研究对土地利用与覆被变化基础数据的要求,亟须综合重建中国区域的城镇用地、林地和牧草地。

(3) 重建方法的综合

随着学科理论和研究方法的交叉融合,历史土地覆被空间格局重建的研究方法已从早期的依靠历史文献记录和自然记录还原法发展到多源数据、多学科方法的融合阶段,尤其是“自上而下”的配置模型和“自下而上”的演化模型的引入进一步丰富了重建方法集。但目前的模型方法大多采用通用型的空间建模理论假设和规则设计,在土地利用变化机理和驱动机制等方面尚有进一步完善的空间,后期应进一步考虑不同区域自然资源特点和自然—人文因素交互影响,增强对历史土地利用变化影响因素和驱动机制的系统性分析。

(4) 结果验证的综合

重建结果的精度和不确定性来源于诸多方面,对验证重建结果进行有效的精度分析仍面临严峻的挑战。针对研究区域和重建方法的特征与差异,综合运用直接验证法和间接验证法是提高重建结果精度的可能途径之一。如在省级单元,可将重建结果与历史文献中的定性描述相比,进行分布趋势对比,如趋势基本一致,则判断重建效果初步达到要求;与历史时期行政建制设立、农村聚落发展、人口密度演化、粮食供需格局变迁、农业生产条件变化,以及沉积、泥炭、孢粉等环境气候数据等直接证据对比,如基本一致则判断重建效果较好;与基于遥感数据解译获取的现代土地利用格局进行对比分析,分析误差产生的原因,进而修正重建方法的参数;与清代鱼鳞册、早期航拍照片、历史时期专题图件等直接证据相对比,对相应时段的重建结果进行精度分析,同时,与现有其他学者的重建成果进行间接对比分析,查找异同并分析原因,也是值得研究的重要方面。

2.2   土地利用碳排放研究进展

陆地生态系统是全球最重要的碳库,在全球碳循环系统中起着重要的作用,其碳储量约为大气碳库的 4 倍,土壤和生物量碳储量占比约为 4∶1(Lal,2004)。人类的土地利用/覆被变化活动成为除化石燃料燃烧和水泥生产产生大量碳排放外引起陆地碳储量变化的重要因子(Emanuel et al.,1984;Esser,1987),其影响远远超过了自然变化影响的速率和程度,使得土地利用/覆被变化的碳排放研究成为全球变化研究关注的焦点之一。本节将从土地利用碳排放机理、效应、核算模型等方面归纳已有研究进展情况。

2.2.1   土地利用碳排放作用机理

土地利用改变引起的碳排放机理当前的研究成果并不一致。根据碳素在生态系统之间和内部的循环过程,不同学者有不同观点,如 Campbell 等(2000)将碳排放机理归纳为森林收获、退耕还林还草、农业管理等土地利用和人类活动引起的土地覆被变化以及森林火灾、虫灾、CO_2 浓度上升等自然干扰过程两个方面;Houghton(2002)认为陆地生态系统与碳素循环相互关系一类是影响植被生长、呼吸以及腐烂分解速率等的生理代谢机制,这包括氮沉淀、二氧化碳浓度升高和气候变化等;另一类是恢复机制,包括土地利用和土地管理对其的影响。杨景成(2003)认为土地利用对生态系统碳储量变化的机制主要取决于森林、农田、草地等生态系统和耕作制度、施肥方式、种植制度等土地利用方式的变化;赖力(2010)将这种机理归为自然干扰机制、土地利用/覆被类型转化机制以及土地利用管理方式转变机制;曲福田等(2011)将土地利用碳排放机理总结为土地利用类型转换机制和土地利用类型保持机制两个方面,认为自然干扰机制不是土地利用的直接反映。从土壤的角度来看,周涛(2006)认为土地利用变化改变了生态系统类型,直接改变了土壤的有机碳输入和分解速率,破坏了土壤原始的理化平衡状态,进而显著地影响土壤有机碳释放速率和强度。

总结上述观点来看,各位学者关于土地利用碳排放的作用机理表述各异,但其本质概括起来包含三个方面:一是土地利用/覆被类型转变(含转换和渐变)机制;二是土地管理方式转变机制;三是自然干扰机制。

2.2.2 土地利用碳排放效应

人类的土地利用与土地管理活动会改变土地覆被的状态、强度和方式,进而影响陆地生态系统植被生物量、土壤碳储量,打破生态系统最初的碳库循环。从人类土地利用和土地管理活动的过程来看,土地利用碳排放效应分为农用地转用造成的碳排放、农用地内部转变造成的碳排放和土地管理措施变化造成的碳排放。

2.2.2.1 农用地转用造成的碳排放

农用地转用是指将林地、草地、沼泽、农田等非建设用地调整为建设用地的过程。在转变用途的过程中,植被初始生态系统的碳循环平衡被打破,地表植被被大量移除,植被的固碳作用大大减弱,进入土壤的枯枝落叶比例大大降低,同时表层土壤被机械性地翻动、掩埋或堆积,造成土壤固碳能力降低,故农用地转为建设用地通常会造成大量碳排放。例如,胡初枝等(2007)研究认为江苏省农用地转为建设用地对碳排放的贡献率最高达 96%,年排放量可达 0.109 Pg C;姜群鸥等(2008)研究表明黄淮海平原耕地转为建设用地是植被碳储量减少的主要原因。也有学者认为农用地转为建设用地会降低碳排放量,主要理由是土壤被不透水层封存在地下,土壤碳库未受进一步干扰而原样保存了初始碳库,另外,不透水层的地上无大面积的植被,无植被呼吸作用,故认为农地非农化可能减少碳排放(陈广生等,2007)。此外,也有学者从能源消耗角度分析了农用地和建设用地两种不同功能的碳排放,如卢娜(2011)计算表明 2008 年中国农用地的碳排放量仅为 0.03 t/hm²,远低于居民用地(33.64 t/hm²)和交通用地(47.81 t/hm²)的碳排放量。

2.2.2.2 农用地内部转变造成的碳排放

(1) 森林向草地、农田转变

森林生态系统是陆地生态系统中最大的碳库,在全球碳循环中发挥重要作用。森林砍伐、森林开垦为农田和草地后,森林生态系统碳库将向大气中释放大量的碳素,但释放速率受土地利用类型、强度和方式的影响。研究表明,森林转为农田后,由于耕作过程对土壤的搅动作用加剧了土壤有机碳的侵蚀和分解作用,同时植物残体分解作用加强,土壤有机碳来源减少,在开垦后的 20~30 年内有机碳损失量多达 20%~50%,经历有机碳快速下降阶段后,将会达到一个新的有机碳平衡态(Brown, 1984;Mann, 1986)。由于森林的植被和土壤碳密度普遍高于草地生态系统,因此森林转变为草地时将会释放大量的有机碳。研究表明,森林转为草地的 12~25 年内土壤有机碳将降低 4%~22%(Veldkamp, 1994;Rhoades et al., 2000),但这个降低过程并不一定是线性的,Moraes 等(1995)发现大致 8 年后草地表层土壤的碳含量能够恢复到原先森林的土壤碳含量水平。也有研究表明,森林转为草地后,土壤有机碳库会增加 9%~10%(Neil et al., 1997;García-Oliva et al.,1994),这可能是由于草地类型、后期施肥、取样深度等影响(Guo & Gifford, 2002)。

(2) 农田向草地和森林转变

农田生态系统高度依赖人类的不断维护、更新和改造,弃耕后在合理的水热条件下农田生态系统将向草地或森林生态系统演替。农田转变为草地和森林,有利于增加土壤和植被的碳储量。农田转变为草地或森林,土壤免受继续翻耕和搅动的影响,土壤重新塑造了物理化学结构和微生物环境,加之地表植被和凋落物的增加,土壤有机碳来源增大,故有机碳库会增加,如Gebhart(1994)研究美国中部平原耕地转为草地时发现,30 cm 土层中土壤有机碳含量年均增加了 110 g/m²;许明祥等(2012)研究了黄土丘陵区退耕还林还草的土壤有机碳响应,结果表明退耕还林和还草有显著的土壤碳增汇效应,退耕年限越长增汇效应愈明显;刘淑娟等(2016)研究桂西北典型喀斯特洼地退耕还林还草的固碳效益时,得出了与许明祥较为一致的结论。

(3) 草地向农田和森林转变

据估计,草地生态系统贮存的碳总量约为 266.3 Pg C,其中 90% 的有机碳贮存在土壤碳库中(Raich & Schlesinger,1992)。草地被开垦为农田时,地表原先的草皮被剥离了,但草地植被和农作物植被碳度相差不大,故对植被碳库的影响不明显,而翻搅和耕作破坏了草地土壤的生物化学结构,开垦活动进一步改善了土壤的温度和湿度条件,加速土壤有机碳的分解,李凌浩(1998)研究表明草地开垦为耕地会造成土壤碳库损失 30%~50%;韩可欣等(2017)研究了松嫩碱化草地开垦 24 年后的情况,认为 0~100 cm 土层土壤平均有机碳含量下降了 11.22%,年均下降0.88 Mg/(hm^{-2}·a)。草地转化为森林,初始时期造林活动对土壤的搅动使得土壤有机碳库迅速减少,之后随着地表植被和凋落物不断增多,土壤有机碳库会逐渐提高到林地土壤碳库水平,而地表植被碳库是一直增加的(Polglase & Philip,2000)。

(4) 湿地转变

湿地面积仅占陆域面积的 4%~6%,但其碳储量占世界土壤有机碳库的 20%~25%,是陆地生态系统重要的碳库之一。湿地转化为农田后,改变了土壤的水热条件、团聚体结构和密闭性等生物物理指标,土壤的厌氧环境被破坏,加速了土壤微生物对有机质的分解速率。同时,开垦后进入土壤的枯枝落叶和植物残体数量减少,土壤有机质物源减少,使得湿地开垦后最终导致土壤碳储量下降。据估计,在过去的 200 年中,湿地开垦造成土壤碳库损失了 4.1 Gt C(Brix et al.,2001);林凡等(2008)对皖江自然湿地开垦为农田后的土壤碳密度变化进行研究后发现,湿地开垦为农田后,土壤表层和全剖面的土壤有机碳含量显著降低;李典友和潘根兴(2009)对长江中下游地区湿地开垦的研究表明,与原湿地土壤相比,湿地被开垦为农田后,土壤有机碳总体降低,且随着开垦利用年限的增加,有机碳减少的幅度也在增大;杨利琼(2013)采用涡度相关法对黄河三角洲湿地开垦导致的碳排放变化研究表明,湿地开垦降低了湿地的碳吸收能力。但对湿地中特殊类型沿海和内陆滩涂的开垦却是个碳汇过程,金雯晖等(2013)研究表明不同垦殖年限下的沿海滩涂土壤有机质含量与围垦年限呈显著正相关,围垦 3 年以上可使表层土壤有机质含量增加 0.24%,围垦年限大于 52 年时,有机碳质量分数从 0.1%提高到了 1.6%;张晶等(2014)研究如东县滩涂围垦造成的土壤有机碳变化后认为,随着围垦年限的增加,土壤有机质含量呈增加趋势。

(5)荒漠转变

荒漠区植被稀疏,水热条件不匹配,生态环境十分脆弱,生态系统的稳定性很低,轻微的人为或自然干扰就可能显著地打破生态系统原有的平衡状态。荒漠地区土地利用活动对生态系统碳库的扰动效应研究的相关结论较为多样,这可能与土地利用方式、强度、垦殖年限密切相关。如帕提古力·麦麦提等(2011)研究认为荒漠区植树造林会显著提高植被生物量和土壤有机碳含量,但不同树种对提高生态系统碳储量的程度各有差异;马志敏等(2013)对黑河中游荒漠绿洲区表层土壤养分的研究表明,耕地的长期耕作使得土壤有机质含量降低了 4.94%,而荒漠植被的自然演替使土壤有机质含量增加了 66.21%;黄彩变等(2011)发现荒漠土壤开垦后,会显著增加表层土壤有机碳和全氮密度,开垦年限差异会对深层土壤有机碳密度造成一定影响,在开垦 30 年时下降了 36.4%,但在 100 年左右则增加了 52%;安慧等(2011)研究发现荒漠草原区不同弃耕年限下植物群生物量呈先减少后增加的趋势,而土壤有机碳含量呈先增加后减少再增加的趋势。

2.2.2.3　土地管理措施造成的碳排放

(1)森林、草地管理措施造成的碳排放

森林恢复、植树造林、人工林转变为天然林等森林更新措施造成地表植被碳蓄积不断增多、林地土壤有机碳累积增多,故一般会增加生态系统的碳储量,但碳累积速率会因干湿气候带而异,潮湿地区增速快而干旱区增速较慢。如 Post 和 Kwon(2000)研究发现亚热带退耕还林后土壤有机碳增加幅度较大;Lugo(1986)和 Houghton(1983)认为退耕还林 50 年后,热带地区次生林生物量可恢复到原先的 75%,温带和寒带则可恢复到原来的 90%。同时,在森林恢复过程中施加化肥能够显著提高土壤碳汇集(Nohrstedt et al.,1989;Schiffman & Johnson,1989)。草地的粗放利用、过度放牧会造成大量的土壤有机碳释放到大气中(Abril & Bucher,1999);但对退化草地进行轮牧或休牧后土壤有机碳会显著增加,如 Su 等(2003)研究表明将过度放牧区的退化草地围封 5 年和 10 年后土壤有机碳分别增加 34 g/m² 和 156 g/m²;刘朋涛等(2014)发现随着放牧强度的增加,荒漠草原植被地上部分和根系碳密度呈下降趋势,而轻度放牧有助于增加土壤有机碳含量。

（2）农田管理措施造成的碳排放

农田管理措施包括土壤深耕、免耕、休耕、轮耕、秸秆还田、土壤改良、施加肥料等。加大翻耕深度会将犁底有机碳库搅翻到土壤表层,加剧土地呼吸速率,促使土壤有机碳释放到大气中(黄承才等,1999;孟凡乔等,2006);少耕、免耕和秸秆还田等保护性耕作措施一方面能减少能源使用造成的碳排放量,另一方面减少了对土地的翻动和搅拌,降低了土壤呼吸作用,秸秆还田还增加了凋落物进入土壤的比例,增加了土壤有机碳库来源(Lal,2004;Meyer-Aurich et al.,2006)。此外,合理的轮耕和休耕可以加速土壤有机碳累积(Witt et al.,2000)。单施肥、配合施肥、有机和矿物肥搭配以及土壤类型的差异会对土壤碳素的排放有显著影响。郑聚峰等(2006)研究表明单施肥或配合施加有机肥时土壤碳库表现为碳汇,而不施肥则表现为碳源;Bowden 等(2004)发现长期施加氮肥能有效降低土壤微生物的生物活性而减小碳排放量,而天然草场在施肥后土壤呼吸速率有所下降(Jong et al.,1974)。王伯仁等(2005)研究表明红壤旱地区,长期搭配施加有机和矿物肥后,土壤有机质含量从原先的 11.5 g/kg 增加到 24.3 g/kg。

2.2.3 土地利用碳排放核算模型

在全球陆地生态系统碳平衡核算中,估算土地利用/覆被变化导致的碳排放是最大的不确定因素(Levy et al.,2004)。国内外学者从不同角度对碳排放核算模型进行了归纳,从陆地和大气之间的碳素循环及交换的对象来看,核算方法大概可分为两类,一类是以陆地为对象的自下而上清查与模拟法,一类是以大气为对象的自上而下反演法(赖力,2010);从典型和区域生态系统角度,于贵瑞等(2011)从典型生态系统碳收支角度将核算方法分为生态学测定法、同化箱测定法和微气象观测法,将区域生态系统碳收支核算方法归为清单调查法、通量观测法、观测数据反演法和航空航天遥感观测法以及生态系统过程模型法;从方法机理和数据源来看,马晓哲和王铮(2015)将碳排放核算方法分为遥感观测和遥感模型、统计估算、生态系统模型以及土地利用与生态系统耦合模型。总结而言,对区域大尺度生态系统碳循环进行研究,所用的方法主要是温室气体排放清单法、样地调查法、计数统计法、生态系统过程模型和遥感估算模型。

2.2.3.1　IPCC国家温室气体排放清单法

1988年,世界气象组织(WMO)和联合国环境规划署(UNEP)成立了政府间气候变化委员会(Intergovermental Panel on Climate Change,IPCC)。自1990年IPCC发布第一份评估报告以来,此后每隔5～7年发布一次,最新的一次是IPCC于2016年第43次会议闭幕式中确定了第六次评估报告的战略和时间规划,计划于2022年完成第六次评估报告,决定编写三份特别报告,即全球升温幅度达到1.5℃的影响及温室气体排放途径,气候变化、沙漠化、土地退化、可持续土地管理、粮食安全和陆地生态系统温室气体通量,气候变化、海洋与冰冻圈的相关研究。[①] 为核算土地利用/覆被变化的碳排放情况,IPCC发布了《2006年IPCC国家温室气体清单指南》,指南中引入了在土地利用、土地利用变化和林业优良做法指南(GPU – LULUCF)中提及的林地、农田、草地、湿地、建设用地和其他土地变化导致的碳排放体系。指南的方法定义了农林地和其他土地利用的年度碳排放变化是所有土地覆被类型碳库变化的总和,公式表达如下:

$$\Delta C_{land} = \Delta C_{fl} + \Delta C_{cl} + \Delta C_{gl} + \Delta C_{wl} + \Delta C_{sl} + \Delta C_{ol} \qquad (2-1)$$

式中:ΔC_{land} 为土地利用导致的碳库总变化量;ΔC_{fl}、ΔC_{cl}、ΔC_{gl}、ΔC_{wl}、ΔC_{sl} 和 ΔC_{ol} 分别为林地、农田、草地、湿地、建设用地和其他土地变化导致的碳库变化量。而一种土地利用类型的年度碳库变化量则是同一类型下不同层次变化的总和:

$$\Delta C_{lu} = \sum_{i}^{n} \Delta C_{lui} \qquad (2-2)$$

式中:ΔC_{lu} 为一种土地利用类型的碳库变化量;i 表征同一土地利用类型按种类、气候带、生态型、管理制度任意组合下的特定层级,n 为组合数量。具

---

① 资料来源:http://www.zgqxb.com.cn/xwbb/201604/t20160418_60370.htm。

体到某特定层级的年度碳库变化核算时,采用下式:

$$\Delta C_{lui} = \Delta C_{AB} + \Delta C_{BB} + \Delta C_{DW} + \Delta C_{LI} + \Delta C_{SO} + \Delta C_{HWP} \qquad (2-3)$$

式中:ΔC_{lui}同式 2-2;ΔC_{AB}、ΔC_{BB}、ΔC_{DW}、ΔC_{LI}、ΔC_{SO} 和 ΔC_{HWP} 分别为地上生物量、地下生物量、枯死木、凋落物、土壤和采伐的林产品的碳库变化量。定义了碳库变化的方向后(如正为碳汇、负为碳源),年度碳库的变化即可由碳通量法(式 2-4)或碳贮存量法(式 2-5)得到:

$$\Delta C = \Delta C_G - \Delta C_L \qquad (2-4)$$

$$\Delta C = \frac{C_{t2} - C_{t1}}{t_2 - t_1} \qquad (2-5)$$

式中:ΔC 为库中的年度碳库变化;ΔC_G、ΔC_L 分别为碳库的年增加、年损失;C_{t2}、C_{t1} 分别为 t_2、t_1 时间点的碳库量。

为便于温室气体排放的核算和对比分析,指南将排放计量方法分为三个层次:第一层次是基本方法,排放因子参数可采用默认值(世界平均值);第二层次是中级方法,核算主体可采用特定的排放因子和更加详细的活动水平数据;第三层次是过程模型,排放因子可采用模型参数和具有地理信息的活动水平数据。IPCC 清单法方便、简洁,且参数获取相对容易,国内外应用此方法核算土地利用变化的碳排放研究较多。如张兴榆等(2009)应用 IPCC 清单法核算了环太湖地区 1980—2005 年的土地利用变化对生态系统中植被碳储量的影响,估算研究期内植被碳储量减少了 1325296.45 Mg;赵荣钦等(2013)进一步发展了碳核算清单法的情景设置,估算江苏省碳排放总量由 2000 年的 8005.29×10⁴ t 上升到 2010 年的 20888.88×10⁴ t;俞超等(2014)基于清单法研究湖北省土地利用碳排放效应,认为湖北省碳排放总量从 2003 年的 4921.997×10⁴ t 增加到 2010 年的 9124.897×10⁴ t;赖力(2010)基于 IPCC 清单法评估了 20 世纪 80 年代以来中国陆地生态系统的碳收支效应,认为陆地生态系统是明显的碳汇,年碳汇为 140~151 Tg C 的水平。

2.2.3.2 样地清查法

样地清查法是借助长期的、高密度的植被生物量和土壤碳密度清查数据评估人类活动对陆地生态系统碳通量、碳收支和碳库变化的一种方法(于贵瑞等,2011)。方法所用的基础数据大多来源于样地实测值、调查统计值或资源清查值,数据的可靠性较大。由于森林、草地普查数据和农作物产量以及局地的野外调查数据较为丰富,学者主要是将样地清查法用于测算森林、草地、农田生态系统碳蓄积和碳汇变化。就森林生态系统而言,早在 1984 年,Brown 等(1984)就提出了基于森林植被材积的生物量转换因子法,并据此核算了全球主要森林类型的地上生物量,随后,众多学者对欧洲、北美洲和亚洲森林生物开展了相关研究。如 Dixon 等(1994)利用国家森林清查资料,估算了北温带和北方森林的年碳蓄积量为 0.7±0.2 Pg C;Ni J(2003)利用中国1989 年至 1993 年的森林普查资料和净初级生产力(NPP)核算了平均生物量约为 7548.8 g/m² ;Fang 等(2001)基于森林资源清查资料和生物量换算因子连续函数法,研究了 1981—2000 年中国森林植被碳库变化,认为森林总碳库由 4.3 Pg C 增加到 5.9 Pg C,年均碳汇 0.096～0.106 Pg C/a;Piao 等(2009)应用清查法核算了 20 世纪 80 年代至 90 年代中国陆地生态系统年净碳汇在0.19～0.26 Pg C;也有部分学者根据样地调查数据对局地小尺度的森林植被碳储量和碳汇开展了核算研究(齐光等,2011;曹娟等,2011;李素敏等,2011)。对于草地生态系统,国内学者从 20 世纪 90 年代开始逐渐开展了我国草地植被生物量的研究,如朴世龙等(2004)利用中国草地清查资料以及遥感数据估算出我国草地植被地上生物量约为 146.16 Tg C,地下生物量约为898.60 Tg C,总生物量为 1044.76 Tg C,约为世界草地植被的 2.1%～3.7%;杨婷婷等(2012)选取 2008 年全国草原地面监测数据对中国草地碳储量进行了研究,认为我国草地总有机碳为 35.96 Pg C,草地土壤有机碳为 35.06 Pg C,地上生物量约为地下生物量的五分之一;马文红等(2006)经过实地取样,估算出内蒙古温带草原植被碳储量为(226.0±13.27) Tg C,平均碳密度为3.44 Mg C/hm²;侯向阳和徐海红(2010)采用野外调查法测定生物量季节动态,对内蒙古锡林郭勒盟轮牧、自由放牧和围栏禁牧下短花针茅荒漠草原碳收支进行了研究。而关于农田生态系统的碳核算,一般采用作物产量和投入产出系数进行推算,如赵荣钦和秦明周(2007)基于作物长势、作物产量、农业投入等统计数据,对沿海 10 个省市区农田生态系统碳源/汇进行了估算;Huang 等(2007)利用 1950 年至 1999 年省级作物产量统计数据,分析了作物净初级生产力的逐年变化。此外,我国开展的全国性第一次、第二次土壤普查,为估算土壤有机碳蓄积量变化提供了有利条件。王绍强和周成虎(1999)根据第一次土壤普查资料,核算了中国陆地生态系统土壤有机碳总量约为 $1001.8×10^8$ t,平均碳密度为 10.83 kg C/m²;刘纪远等(2004)基于第二次土壤普查剖面资料和 1990—2000 年的土地利用变化数据,核算了我国农林地和草地土壤碳、氮库损失量分别为(77.6±35.2) Tg C、(5.6±2.6) Tg N。

2.2.3.3 计数统计法

以收支计数为原理发展起来的簿记模型(Bookkeeping Model)成为目前被最为广泛应用的计数统计方法(任伟等,2011)。1983 年,Houghton(1983)基于大量调查和经验数据,构建簿记模型估算了工业革命以来全球土地覆被变化引起的碳排放。经过 Houghton 等人对其进行多次修改与完善,簿记模型被成功运用于亚洲(Hoghton & Hackler,1999)、赤道地区(Hoghton,1991)、北美洲(Houghton et al.,1999)、巴西(Hoghton,2000)以及中国(Hoghton,2002)等多个国家和地区的土地利用变化导致的碳收支核算研究,核算结果被应用到 IPCC 第三次和第四次评估报告中。它的基本原理是在 Whittaker 和 Liken(1975)划分的 69 种生态系统类型上,给出不同生态系统和气候带下植被与土壤碳储量受人类土地利用活动(如土地开垦、森林收获、植树造林等)干扰后的生态干扰响应曲线,统计某年的土地利用变化面积以及干扰类型的作用时间,逐年累加土地利用变化引起的陆地和大气之间的碳交换即可评估生态系统碳储量的变化和碳收支情况。由于簿记模型逐年记录活质生物体、枯枝落叶、木材产品和不同土地类型土壤碳储量变化,反映了人类活动引起的土地利用类型变化对生态系统碳循环的影响,被认为是探究陆地生态系统各碳库从"摇篮"到"坟墓"全过程行之有效的方法,故被广泛应用于历史时期、近现代土地利用变化导致的碳排放核算研究中。例如,de Fries 等(2001)和 Achard 等(2004)应用簿记模型分别核算了热带地区森林退化和 20 世纪 90 年代土地利用变化导致的碳排放;国内学者葛全胜等(2008a)基于历史文献析出的耕地和森林数据,采用簿记模型估算了中国近 300 年来土地垦殖引起的碳排放,总量为 4.50~9.54 Pg C,最适估计 6.18 Pg C,结果远小于 Houghton(2002)的估算结果;李蓓蓓等(2014)以东北三省县域尺度为研究对象,采用簿记模型核算了土地垦殖导致的碳排放,总量为 1.06~

2.55 Pg C,最适估计值为 1.45 Pg C,认为土壤碳库是最大的排放源,植被碳排放量仅占总碳排放量的 1/3;王渊刚等(2013)采用簿记模型核算了近 50 年玛纳斯河流域土地利用变化对碳储量的影响,认为在 46 年间土地利用导致流域植被和土壤碳储量分别增加了 6.34×10^5 t、3.14×10^5 t;此后,王渊刚等(2014)进一步核算得出近 30 年新疆荒漠开垦和耕地转移导致的碳储量增加了 20.6 Tg C;陈耀亮等(2015)核算了 1975—2005 年中亚森林生态系统碳储量变化,认为其总体表现为碳汇,固碳量约为 3.07 Tg C。

2.2.3.4 生态系统过程模型

生态系统通过植被光合作用和自养呼吸、土壤有机质分解和积累等生物化学过程将碳素固定在生态系统或释放到大气圈,而生态系统的生物化学过程与环境因子存在复杂的相互作用机理。生态系统过程模型主要是基于植被—土壤—气候相互作用机理,分解生态系统碳素流动过程,对植被光合作用有机碳的输入,植被碳库分配、累积和凋落物的产生以及土壤有机质分解和积累等过程分类构建子模型,进而估算陆地生态系统的净初级生产力、碳氮储量变化,这类模型主要有 TEM、CEVSA、CENTURY、DNDC、BIOME、LPG - DGVM 等。TEM 模型是生态过程的动态仿真模型,与气候模型耦合,输入不同区域的气候、纬度、土壤类型、植被和高程等参数后,模拟生态系统中的碳和氮通量(蒋高明,1995);CEVSA 模型是对植物光合作用、呼吸作用、光合产物分解和积累、凋落物分解和土壤有机碳转换进行分类计算,最终估算植被、土壤和大气间碳交换的机理模型(Cao et al., 2003);CENTURY 模型是由美国科罗拉多州立大学的 Parton 等建立的(Kelly et al., 1997),模型将土壤有机质分为速效库、慢性库和惰性库,作物凋落物分为代谢性库和结构性库,以月为步长,温度、降水、土壤质地和初始碳、氮含量等变量驱动模型,模拟植被和土壤碳库变化,CENTURY 模型功能强大,被广泛应用于各类生态系统碳核算(Throop et al., 2004;Oelbermann & Voroney, 2011);DNDC 模型以陆地生态系统中碳、氮和水的迁移转化为依据,将陆地生态系统纳入一个数字化模型中,核算碳和氮库及流通量(李长生,2001,2004);BIOME 模型耦合了生态系统碳和水循环,模拟了大尺度气候变化对植被结构、生成力和功能的影响,仅需输入土壤类型、地形、温度、降水和日照等参

数,即可模拟植物光合作用、有机质分解和元素循环等生理过程(Ni,2002);
LPG - DGVM 是基于 BIOME 模型开发的,输入变量主要是气候、土壤质地
和大气 CO_2 浓度等参数,模型通过植被对环境的适应性和资源竞争力评价,
模拟植被的分布和类型构成,进而估算生态系统碳、氮和水的循环(孙善磊,
2008;Olofsson & Hickler,2008)。

2.2.3.5　遥感估算模型

航空和航天遥感技术的发展,为评估全球生态系统碳收支提供了丰富的
高时空分辨率、多时相和全天候的 NDVI、FPAR、APAR 等遥感数据产品。
以遥感数据为支撑,结合空间化的植被和土壤等环境数据库,构建估算模型
评估土地利用变化对碳循环的影响已经成为研究的热点之一(赖力,2010;
沈亚明、胡辰溪,2013)。利用遥感技术和数据产品核算土地利用变化导致的
陆地生态系统碳排放效应体现在两个方面:

(1)利用遥感数据产品获取多时相、高精度的土地利用影像数据集,经过
影像几何校正,去云、去噪和波段增强等辐射校正后,通过目视或机器的监督
与非监督分类后获取土地利用时空数据集,再结合不同类型样地调查获取的
地上和地下植被、土壤碳密度数据,估算土地利用变化导致的生态系统碳排
放。当前,国际上已经建立了全球尺度 300 m、1 km 和 10 km 的土地利用数
据集(刘纪远等,2011;冉有华等,2009),我国也已开发了 20 世纪 80 年代以
来覆盖中国 1∶10 万的土地利用数据集(刘纪远等,2014)和中国 30 m 分辨
率的全球土地利用数据集(冉有华、李新,2015)。美国和北美自 20 世纪 90
年代开始也相继建立 30 m 土地覆盖数据集(刘纪远等,2014)。基于土地利
用转移矩阵和不同生态系统下植被与土壤碳密度参数核算碳蓄积变化,国内
外学者开展了大量研究,如揣小伟等(2011)核算认为江苏省土地利用导致的
碳排放总量为9.73 Tg C;张梅等(2013)研究了中国土地利用类型转换的碳排
放强度;Lai 等(2016)估算了中国 1990 年以来土地利用和土地管理的碳排放
效应。

(2)利用遥感技术获取陆地表层的地表辐射温度、土壤水分、植被指数、
大气 CO_2 浓度和植被结构等参数,输入遥感模型后评估区域尺度碳收支变
化。由于这类模型输入的参数少,采用的遥感数据观测周期长、观测范围广、

时空分辨率高,能快速、动态估算大范围碳收支变化(陈泮勤,2004;Piao 等,2009),应用较广的遥感模型有 CASA(Carnegie Ames Stanford Approach)和 GLO - PEM(Global Primary Production Efficiency Model)。CASA 模型基于植被光合作用机理构建遥感参数模型,输入土地覆被、植被光合有效辐射、植被类型和覆盖状态、地表温度和水分等参数后,就可以估算区域陆地净初级生产力、全球碳循环。如朴世龙等(2001)利用 CASE 模型估算了我国 1997 年植被净初级生产量为 1.95 Pg C,约为世界陆地植被净初级生产量的 4%;Potter 和 Klooster(1997)对 CASA 模型进行了调整,改善了与植物吸收需求相关的土壤碳循环和总氮的计算方法;Chen 等(2011)基于遥感和 CASA 模型核算了青海湖流域植被碳储量变化;Zhu 和 Wang(2013)基于 CASA 模型估算了南京市城市森林生态系统 NPP 和碳储量变化。GLO - PEM 模型基于植被光合作用和呼吸作用等生物机理过程,构建了完全由遥感数据驱动的光能利用效率模型,模型能有效计算净初级生产力和光能利用效率,在核算植被生物量变化方面得到了广泛应用,如 Gholkar 等(2014)利用 GLO - PEM 模型核算了印度半干旱地区净初级生产力对农业生产的影响;高志强和刘纪远(2008)采用 3 个光能利用效率模型和 2 个生态过程机理模型在不同时空分辨率和不同输入参数条件下对中国植被净生产力进行了评估;陈卓奇等(2012)采用 MODIS 遥感数据反演光合有效辐射后,借助 AMSR - E 微波遥感土壤湿度和光合有效辐射吸收比例,驱动 GLO - PEM 模型估算的青藏高原净初级生产量约为 0.37 Pg C/a。

2.2.4　碳核算的不确定

自 1921 年美国学者 Knight 开创性地提出不确定性研究以来,不确定性的应用领域愈加广泛,如经济分析(王义中和宋敏,2014)、数值模拟(杨运等,2016;黎夏等,2007)、数据挖掘(何彬彬,2007)。导致不确定性的可能原因有信息不对称、信息不完全、信息来源不一致、语言描述不到位、事物时刻变化等,在使用量化模型时,还会遇到封闭性不确定性(如系统边界确定)、结构不确定性(概念模型的选取)、参数不确定性(参数选择和设置)等(Staurt et al.,2003)。在土地利用变化的碳排放效应核算研究中同样存在较多的不

确定性,其不确定性主要包括以下几个方面:

(1) 碳收支核算方法的适用性

核算土地利用变化导致的碳排放效应的方法各具优缺点,各自有适宜的时空尺度。在不适宜的时空尺度和系统边界内评估碳排放效应,其评估的精度将有巨大的差异(于贵瑞等,2011)。例如,IPCC 温室气体清单法虽然简洁易用,但对生态过程和碳排放机理过于简化,同一种土地利用类型变化往往采用相同的碳密度和影响因子,未涉及土地利用变化影响碳循环的机理,存在一定的局限性,模拟结果精度不高;生物量和土壤清查法能直接、明确、准确地获取生态系统的碳储量,但受观测周期长、时间序列不连续、观测范围有限等限制,难以用于评估区域或国家尺度的土地利用碳排放,因而只适用于具有普查数据或局部样点数据的碳储量清查研究;遥感反演、模型模拟方法能有效弥补样地清查法的缺限,能快速和多频次地获取大范围生态系统碳排放数据,但这类方法受制于实测样点观测参数精度、遥感数据成像周期和时段、模型尺度转换等因素。

(2) 模型输入数据的可靠性和区域代表性

在碳排放效应核算模型中,用于核算碳排放的土地利用、土壤和植被数据。其一来源于法定的森林、耕地、草地和土壤等土地资源清查资料,地面气象观测资料,生态系统碳循环过程和通量观测资料,以及国土资源的年度空间化基础资料;其二来源于资源卫星/碳卫星遥感观测资料,地面生态系统碳通量观测网络以及航天和航空遥感专项观测数据。虽然获取数据的途径和方式多样,但获取数据和数据解译的可靠性很大程度上会影响核算结果的可靠性。此外,由于气候水文、植被、土壤分布的空间异质性和差异性等因素影响,在不同的地理区域,相同土地利用转变方式对植被和土壤碳收支的影响不尽相同,采用统一的参数配置和通用的模型架构开展碳核算的尺度上推或下推研究,所得结果的区域代表性值得推敲(任伟等,2011)。

(3) 碳固定或排放因子的时空动态性

土地利用类型转变对碳库影响评价的关键问题是如何获取不同区域、各种土地利用方式转变之间的碳固定或碳排放因子(任伟等,2011)。各因子在机理上是一个具有时空属性的动态参数,而当前碳排放核算中使用的静态的碳固定或碳排放因子取值方案显然是不科学的。碳固定或排放因子的时空动态性、尺度依赖性、监测方案不合理性、测量误差的随机性都将影响核算结果的准确性(黄耀，2003)。

2.2.5 碳排放核算趋势

气候变暖,特别是由土地利用和化石燃料燃烧产生的温室气体引起的全球气候变暖成为当前人类面临的严峻挑战,其中土地利用变化是仅次于化石能源燃烧造成温室气体排放的重要原因。为应对气候变暖和追踪大气碳素循环过程,从土地利用碳排放角度梳理土地利用碳排放机理、辨析土地利用碳排放效应、核算土地利用碳排放当量和减少碳排放核算的不确定性以及开展低碳减排的土地利用模式研究是当前和今后研究的重点;此外,为摸清历史土地利用变化的陆地生态系统碳储量效应变化,提高估算精度和准确性,区域性的历史土地利用碳排放效应评价研究值得深入。

2.3 进展评述与启发

综合前述文献综述来看,历史土地利用空间格局重建成果主要集中在区域性、单一地类、较低分辨率的历史耕地的空间重建,对全域性历史耕地和林地空间重建的研究有待进一步加强;从空间格局重建的方法而言,基本都采用自上而下的基于土地垦殖适宜性评价按适宜程度由高到低分配历史耕地或林地的统计数值,最终使得空间重建结果在规模上与历史文献析出法重建的历史地类统计数值保持一致,且空间重建大多采用统一的转换规则和参数配置,忽略了影响因子的空间异质性和演化规律的空间差异性。而在历史土地利用的碳排放估算方面,虽然国外学者进行了大量方法和实证方面的探索,但中国区的核算研究十分短缺,尤其是土地开垦、森林收获两个方面的计算略显不足。同时,现有的历史土地利用空间格局重建及其碳排放估算思路、方法、基本参数、验证体系等为进一步开展后续研究提供了经验参考和基础支持。

鉴于此,本研究拟以中国全域近300年来耕地、林地空间格局重建及其碳排放估算为研究对象,首先基于自下而上的建模思路构建分区同步的约束性CA 模型和行为主体选择偏好评价模型,分别重建历史耕地和林地的空间格局;而后,基于现代自然植被分布图和潜在自然植被分布图,分情景构建开垦前的历史自然植被空间分布格局,以重建的近 300 年中国农林地空间格局为依据分高、中和低情景推算土地利用变化率,在修正植被和土壤碳密度的基础上,调整土地干扰响应曲线参数后,应用簿记模型的原理和计算方案,分省逐年核算近 300 年来不同干扰情景下中国农林土地利用导致的陆地生态系统碳排放。

参考文献

[1] Abril A, Bucher E H. The effects of overgrazing on soil microbial community and fertility in the Chaco dry savannas of Argentina[J]. Applied Soil Ecology, 1999, 12(2).

[2] Achard F, Eva H D, Mayaux P, et al. Improved estimates of net carbon emissions from land cover change in the tropics for the 1990s[J]. Global Biogeochemical Cycles, 2004, 18, GB2008, doi: 10. 1029/2003GB002142.

[3] Bowden R D, Davidson E, Savage K, et al. Chronic nitrogen additions reduce total soil respiration and microbial respiration in temperate forest soils at the Harvard Forest[J]. Forest Ecology & Management, 2004, 196(1).

[4] Brix H, Sorrell B K, Lorenzen B. Are Phragmites-dominated wetlands a net source or net sink of greenhouse gases? [J]. Aquatic Botany, 2001, 69(2 - 4).

[5] Brown S, Lugo A E. Biomass of Tropical Forests: A New Estimate Based on Forest Volumes[J]. Science, 1984, 223(4642).

[6] Campbell C A, Zentner R P, Liang B C, et al. Organic C accumulation in soil over 30 years in semiarid southwestern Saskatchewan-effect of crop rotations and fertilizers [J]. Canadian Journal of Soil Science, 2000, 80(1).

[7] Cao M, Prince S D, Kerang L I, et al. Response of terrestrial carbon uptake to climate interannual variability in China[J]. Global Change Biology, 2003, 9(4).

[8] Chen K, Han Y, Cao S, et al. The study of vegetation carbon storage in Qinghai Lake Valley based on remote sensing and CASA Model[J].

Procedia Environmental Sciences, 2011, 10(Part B).

[9] de Fries R, Houghton R A, Hansen M, et al. Carbon emissions from tropical deforestation and regrowth based on satellite observations for the 1980s and 90s [J]. Proceedingsof the National Academy of Sciences, 2001, 99(22).

[10] Dixon R K, Brown S, Houghton R A, et al. Carbon pools and fluxes of global forest ecosystems[J]. Science, 1994,263.

[11] Emanuel, et al. Modeling terrestrial ecosystems in the global carbon cycle with shifts in carbon storage capacity by land-use change [J]. Ecology, 1984, 65.

[12] Esser G. Sensitivity of global carbon Pools and fluxes to human and potential climatic impacts [J]. Tellus, 1987, 39B.

[13] Fang J, Chen A, Peng C, et al. Changes in forest biomass carbon storage in China between 1949 and 1998 [J]. Science, 2001, 292(5525).

[14] Fuchs R, Herold M, Verburg P H, et al. A high-resolution and harmonized model approach for reconstructing and analyzing historic land changes in Europe[J]. Biogeosciences Discussions, 2012, 9(3).

[15] Gaillard M J, Sugita S, Mazier F, et al. Holocene land-cover reconstructions for studies on land cover-climate feedbacks[J]. Climate of the Past, 2010, 6(4).

[16] García-Oliva F, Casar I, Morales P, et al. Forest-to-pasture conversion influences on soil organic carbon dynamics in a tropical deciduous forest [J]. Oecologia, 1994, 99(3).

[17] Gholkar M D, Goroshi S, Singh R P, et al. Influence of Agricultural Developments on Net Primary Productivity (NPP) in the semi-arid region of India: A study using GlOPEM Model[C]//The International Archives of the Photogrammetry, Remote Sensing and Spatial Information Sciences, Volume XL - 8, 2014 ISPRS Technical Commission Ⅷ Symposium, 09 - 12 December 2014, Hyderabad, India, 2014.

[18] Goldewijk K K, Battjes J J. A hundred year (1890－1990) database for integrated environmental assessment （HYDE, version 1.1）［Z］. Bilthoven, the Netherlands: National Institute of Public Health and the Environment (RIVM),1997.

[19] Goldewijk K K. Estimating global land use change over the past 300 years: The HYDE database［J］. Global Biogeochemical Cycles, 2001, 15(2).

[20] Goldewijk K, Beusen A, Van Drecht G, et al. The HYDE 3.1 spatially explicit database of human－induced global land－use change over the past 12,000 years[J]. Global Ecology & Biogeography, 2011, 20(1).

[21] Guo L B, Gifford R M. Soil carbon stocks and land use change: A meta analysis[J]. Global Change Biology, 2002, 8(4).

[22] Houghton R A, Hackler J L. Emissions of carbon from forestry and land-use change in tropical Asia ［J］. Global Change Biology, 1999, 5(4).

[23] Houghton R A, Hobbie J E, Melillo J M, et al. Changes in the carbon content of terrestrial biota and soils between 1860 and 1980: A net release of CO_2 to the atmosphere ［J］. Ecological Monographs, 1983, 53(3).

[24] Houghton R A. Tropical deforestation and atmospheric carbon dioxide ［J］. Climatic Change, 1991, 19(1).

[25] Houghton R, Skole D, Nobre C A, et al. Annual fluxes of carbon from deforestation and regrowth in the Brazilian Amazon[J]. Nature, 2000, 403(6767).

[26] Houghton R A. Magnitude, distribution and causes of terrestrial carbon sinks and some implications for policy［J］. Climate Policy, 2002, 2(1).

[27] Houghton R. Temporal patterns of land-use change and carbon storage in China and tropical Asia[J]. Science in China Series C Life Sciences,

2002，45(Suppl.).

[28] Houghton R A，Hackler JL，Lawrence KT. The U.S. carbon budget：Contribution from land-use change[J]. Science，1999，285.

[29] Huang Y，Zhang W，Sun W，et al. Net primary production of Chinese croplands from 1950 to 1999[J]. Ecological Applications A Publication of the Ecological Society of America，2007，17(3).

[30] IPCC. 2006 年 IPCC 国家温室气体清单指南[R]. 日本全球环境战略研究所，2006.

[31] Jong E D，Schappert H J V，Macdonald K B. Carbon dioxide evolution from virgin and cultivated soil as affected by management practices and climate[J]. Canadian Journal of Soil Science，1974，54(3).

[32] Kelly R H，Parton W J，Crocker G J，et al. Simulating trends in soil organic carbon in long-term experiments using the century model[J]. Geoderma，1997，81(1-2).

[33] Lai L，Huang X，Yang H，et al. Carbon emissions from land-use change and management in China between 1990 and 2010[J]. Science Advances，2016，2(11)：e1601063-e1601063.

[34] Lal R，Griffin M，Apt J，et al. Managing soil carbon[J]. Science，2004，304(5669).

[35] Lal R. Soil carbon sequestration impacts on global climate change and food security[J]. Science，2004，304(5677).

[36] Levy P E，Friend A D，White A，et al. The influence of land use change on global-scale fluxes of carbon from terrestrial ecosystems[J]. Climatic Change，2004，67(2).

[37] Li S，He F，Zhang X. A spatially explicit reconstruction of cropland cover in China from 1661 to 1996[J]. Regional Environmental Change，2016，16(2).

[38] Lin S，Zheng J，He F，et al. Gridding cropland data reconstruction over the agricultural region of China in 1820 [J]. Journal of

Geographical Sciences, 2009, 19(1).

[39] Liu M L, Tian H Q. China's land cover and land use change from 1700 to 2005: Estimations from high-resolution satellite data and historical archives[J]. Global Biogeochemical Cycles, 2010, 24(3).

[40] Long Y, Jin X, Yang X, et al. Reconstruction of historical arable land use patterns using constrained cellular automata: A case study of Jiangsu, China[J]. Applied Geography, 2014, 52(4).

[41] Lugo A. E. , Sanchez A. J. , Brown S. Land use and organic carbon content of some subtropical soils[J]. Plant and Soil, 1986, (96).

[42] Mann, L. K. Changes in soil carbon storage after cultivation[J]. Soil Science, 1986, 142(5).

[43] Meyer-Aurich A, Weersink A, Janovicek K, et al. Cost efficient rotation and tillage options to sequester carbon and mitigate GHG emissions from agriculture in Eastern Canada [J]. Agriculture Ecosystems & Environment, 2006, 117(2).

[44] Moraes J L, Cerri C C, Melillo J M, et al. Soil carbon stocks of the Brazilian Amazon Basin[J]. Soil Science Society of America Journal, 1995, 59(1).

[45] Neill C, Melillo J M, Steudler P A, et al. Soil carbon and nitrogen stocks following forest clearing for pasture in the southwestern brazilian amazon[J]. Ecological Applications, 1997, 7(4).

[46] Ni J. BIOME models: Main principles and applications[J]. Acta Phytoecologica Sinica, 2002, 26(2002).

[47] Ni J. Net primary productivity in forests of China: Scaling-up of national inventory data and comparison with model predictions[J]. Forest Ecology & Management, 2003, 176(1).

[48] Nohrstedt H O, Arnebrant K, Baath E, et al. Changes in carbon content, respiration rate, ATP content, and microbial biomass in nitrogen-fertilized pine forest soils in Sweden[J]. Canadian Journal of

Forest Research，1989，19(3).

[49] Oelbermann M，Voroney R P. An evaluation of the century model to predict soil organic carbon：Examples from Costa Rica and Canada[J]. Agroforestry Systems，2011，82(1).

[50] Olofsson J，Hickler T. Effects of human land-use on the global carbon cycle during the last 6,000 years [J]. Vegetation History and Archaeobotany，2008，17(5).

[51] Piao S，Fang J，Ciais P，et al. The carbon balance of terrestrial ecosystems in China[J]. Nature，2009，458(7241).

[52] Polglase，Philip J. Change in soil carbon following afforestation or reforestation：Review of experimental evidence and development of a conceptual framework[R]. National carbon accounting system technical report，NO. 20，Canberra，2000.

[53] Pongratz J，Reick C，Raddatz T，et al. A reconstruction of global agricultural areas and land cover for the last millennium[J]. Global Biogeochemical Cycles，2008，22(3).

[54] Post W M，Kwon K C. Soil carbon sequestration and land-use change：Process and potential[J]. Global Change Biology，2000(6).

[55] Potter C S，Klooster S A. Global model estimates of carbon and nitrogen storage in litter and soil pools：Response to changes in vegetation quality and biomass allocation[J]. Tellus Series B-chemical & Physical Meteorology，1997，49(1).

[56] Raich J W，Schlesinger W H. The global carbon dioxide flux in soil respiration and its relationship to vegetation and climate[J]. Tellus Series B-chemical & Physical Meteorology，1992，44(2).

[57] Ramankutty N，Foley J A. Estimating historical changes in global land cover：Croplands from 1700 to 1992[J]. Global Biogeochemical Cycles，1999，13(4).

[58] Ray D K，Pijanowski B C. A backcast land use change model to

generate past land use maps: Application and validation at the Muskegon River watershed of Michigan, USA[J]. Journal of Land Use Science, 2010,5(1).

[59] Rhoades C C, Eckert G E, Coleman D C. Soil carbon differences among forest, agriculture, and secondary vegetation in lower montane Ecuador[J]. Ecological Applications, 2000, 10(2).

[60] Schiffman P M, Johnson W C. Phytomass and detrital carbon storage during forest regrowth in the southeastern United States Piedmont[J]. Canadian Journal of Forest Research, 1989, 19(1).

[61] Staurt N L. Numerical modeling in physical geography: Understanding, explanation and prediction [C]// Clifford N J, Valentine G. Key methods in geography. London: SAGE Publications, 2003.

[62] Su Y Z, Zhao L H, Zhang H T. Influences of grazing and exclosure on carbon sequestration in degraded sandy grassland, Inner Mongolia, north China[J]. New Zealand Journal of Agricultural Research, 2003, 46(4).

[63] Throop H L, Holland E A, Parton W J, et al. Effects of nitrogen deposition and insect herbivory on patterns of ecosystem-level carbon and nitrogen dynamics: Results from the CENTURY model[J]. Global Change Biology, 2004, 10(7).

[64] Tian H, Banger K, Bo T, et al. History of land use in India during 1880 - 2010: Large-scale land transformations reconstructed from satellite data and historical archives[J]. Global & Planetary Change, 2014, 121(10).

[65] Veldkamp E. Organic carbon turnover in three tropical soils under pasture after deforestation[J]. Soil Science Society of America Journal, 1994, 58(1).

[66] Gebhart D L, Johnson H B, Mayeux H S, et al. The CRP increases

soil organic carbon[J]. Journal of Soil & Water Conservation, 1994, 49(5).

[67] Whittaker R H, Likens G E. Methods of assessing terrestrial productivity[C]//Lieth H, Whittacker R H. eds. Primary productivity of the biosphere. New York, USA: Springer-Verlag, 1975.

[68] Witt C, Cassman K G, Olk D C, et al. Crop rotation and residue management effects on carbon sequestration, nitrogen cycling and productivity of irrigated rice systems[J]. Plant and Soil, 2000, 225(1).

[69] Yang X, Guo B, Jin X et al. Reconstructing spatial distribution of historical cropland in China's traditional cultivated region: Methods and case study[J]. Chinese Geographical Science, 2015b, 25(5).

[70] Yang X, Jin X, Guo B, et al. Research on reconstructing spatial distribution of historical cropland over 300 years in traditional cultivated regions of China [J]. Global & Planetary Change, 2015a, 128.

[71] Yang Y, Zhang S, Liu Y, et al. Analyzing historical land use changes using a Historical Land Use Reconstruction Model: A case study in Zhenlai County, northeastern China[J]. Scientific Reports, 2017, 7.

[72] Yang Y, Zhang S, Yang J, et al. A review of historical reconstruction methods of land use/land cover[J]. Journal of Geographical Sciences, 2014, 24(4).

[73] Zhu C Y, Wang R H. Urban forest ecosystem NPP and carbon storage based on the CASA model in Nanjing[J]. China Forestry Science & Technology, 2013.

[74] 安慧, 杨新国, 刘秉儒, 等. 荒漠草原区弃耕地植被演替过程中植物群落生物量及土壤养分变化[J]. 应用生态学报, 2011, 22(12).

[75] 白淑英, 张树文. 历史时期土地利用空间信息再现方法初探[J]. 干旱区资源与环境, 2004, 18(5).

[76] 白淑英, 张树文, 张养贞. 土地利用/土地覆被时空分布 100 年数字重

建：以大庆市杜尔伯特蒙古族自治县为例[J]. 地理学报，2007，62(4).

[77] 曹娟，田大伦，闫文德，等. 喀斯特城市刺槐梓木混交林生物量与碳储量研究[J]. 中南林业科技大学学报，2011，31(5).

[78] 曾早早，方修琦，叶瑜. 吉林省近 300 年来聚落格局演变[J]. 地理科学，2011，23(1).

[79] 陈广生，田汉勤. 土地利用/覆盖变化对陆地生态系统碳循环的影响[J]. 植物生态学报，2007，31(2).

[80] 陈泮勤. 地球系统碳循环[M]. 北京：科学出版社，2004.

[81] 陈耀亮，罗格平，叶辉，等. 1975—2005 年中亚土地利用/覆被变化对森林生态系统碳储量的影响[J]. 自然资源学报，2015，30(3).

[82] 陈卓奇，邵全琴，刘纪远，等. 基于 MODIS 的青藏高原植被净初级生产力研究[J]. 中国科学：地球科学，2012，42(3).

[83] 揣小伟，黄贤金，郑泽庆，等. 江苏省土地利用变化对陆地生态系统碳储量的影响[J]. 资源科学，2011，33(10).

[84] 丁伟，庞瑞洺，许清海，等. 中国东部暖温带低山丘陵区表土花粉对人类活动的指示意义[J]. 科学通报，2011，56(11).

[85] 冯永恒，张时煌，何凡能，等. 20 世纪中国耕地格网化数据分区重建[J]. 地理科学进展，2014，33(11).

[86] 高志强，刘纪远. 中国植被净生产力的比较研究[J]. 科学通报，2008，53(3).

[87] 葛全胜，戴君虎，何凡能，等. 过去 300 年中国部分省区耕地资源数量变化及驱动因素分析[J]. 自然科学进展，2003，13(8).

[88] 韩可欣，禹朴家，韩东亮，等. 开垦年限对松嫩碱化草地土壤碳库的影响[J]. 土壤通报，2017(1).

[89] 何彬彬，方涛，郭达志. 不确定性空间数据挖掘算法模型[J]. 中国矿业大学学报，2007，36(1).

[90] 何凡能，葛全胜，戴君虎，等. 近 300 年来中国森林的变迁[J]. 地理学报，2007，62(1).

[91] 何凡能，葛全胜，郑景云. 中国清代城镇用地面积估算及其比较[J]. 地

理学报，2002，57(6).

[92] 何凡能，李美娇，刘浩龙. 北宋路域耕地面积重建及时空特征分析[J].
地理学报，2016，71(11).

[93] 何凡能，李士成，张学珍，等. 中国传统农区过去 300 年耕地重建结果
的对比分析[J]. 地理学报，2012，67(9).

[94] 何凡能，李士成，张学珍. 北宋中期耕地面积及其空间分布格局重建
[J]. 地理学报，2011，66(11).

[95] 何凡能，李士成，张学珍. 清代西南地区森林空间格局网格化重建[J].
地理研究，2014，33(2).

[96] 何凡能，田砚宇，葛全胜. 清代关中地区土地垦殖时空特征分析[J]. 地
理研究，2003，22(6).

[97] 侯向阳，徐海红. 不同放牧制度下短花针茅荒漠草原碳平衡研究[J]. 中
国土壤与肥料，2010，44(6).

[98] 胡初枝，黄贤金. 江苏省碳排放及影响因素区域差异比较研究[C]// 中
国地理学会 2007 年学术年会论文摘要集，2007.

[99] 黄彩变，曾凡江，雷加强，等. 开垦对绿洲农田碳氮累积及其与作物产
量关系的影响[J]. 生态学报，2011，31(18).

[100] 黄承才. 人为扰动对森林生态系统土壤呼吸的影响[J]. 浙江林业科技，
1999(4).

[101] 黄耀. 地气系统碳氮交换：从实验到模型[M]. 北京：气象出版
社，2003.

[102] 姜蓝齐，张丽娟，臧淑英，等. 清末耕地空间分布格局重建方法比较
[J]. 地理学报，2015，70(4).

[103] 姜群鸥，邓祥征，战金艳，等. 黄淮海平原耕地转移对植被碳储量的影
响[J]. 地理研究，2008，27(4).

[104] 蒋高明. 陆地生态系统净第一性生产力对全球变化的响应[J].植物资
源与环境学报，1995(4).

[105] 颉耀文，汪桂生. 黑河流域历史时期水资源利用空间格局重建[J].地理
研究，2014，33(10).

[106] 颉耀文,王学强,汪桂生,等.基于网格化模型的黑河流域中游历史时期耕地分布模拟[J].地球科学进展,2013,28(1).

[107] 金雯晖,杨劲松,王相平.滩涂土壤有机碳空间分布与围垦年限相关性分析[J].农业工程学报,2013,29(5).

[108] 匡文慧,张树文,张养贞,等.1900年以来长春市土地利用空间扩张机理分析[J].地理学报,2005,60(5).

[109] 匡文慧,张树文,张养贞,等.长春百年城市土地利用空间结构演变特征研究[J].哈尔滨工业大学学报,2009,41(7).

[110] 赖力.中国土地利用的碳排放效应研究[D].南京:南京大学,2010.

[111] 黎夏,叶嘉安,刘涛,等.元胞自动机在城市模拟中的误差传递与不确定性的特征分析[J].地理研究,2007,26(3).

[112] 李蓓蓓,方修琦,叶瑜,等.全球土地利用数据集精度的区域评估:以中国东北地区为例[J].中国科学:地球科学,2010,40(08).

[113] 李蓓蓓,方修琦,叶瑜,等.中国东北地区过去300年耕地开垦导致的碳收支[J].中国科学:地球科学,2014(9).

[114] 李典友,潘根兴.长江中下游地区湿地开垦及土壤有机碳含量变化[J].湿地科学,2009,7(2).

[115] 李柯,何凡能,张学珍.基于MODIS数据网格化重建历史耕地空间分布的方法:以清代云南省为例[J].地理研究,2011,30(12).

[116] 李凌浩.土地利用变化对草原生态系统土壤碳贮量的影响[J].植物生态学报,1998,22(4).

[117] 李美娇,何凡能,刘浩龙.北宋中期路域耕地面积的再估算[J].地理研究,2016,35(12).

[118] 李士成,何凡能,陈屹松.清代西南地区耕地空间格局网格化重建[J].地理科学进展,2012,31(9).

[119] 李士成,何凡能,张学珍.中国历史时期森林空间格局网格化重建方法研究:以东北地区为例[J].地理学报,2014,69(3).

[120] 李士成,张镱锂,何凡能.过去百年青海和西藏耕地空间格局重建及其时空变化[J].地理科学进展,2015,34(2).

[121] 李素敏，田大伦，闫文德，等. 喀斯特地区城市杨树人工林碳贮量及其空间分布[J]. 中南林业科技大学学报，2011，31(5).

[122] 李为，张平宇，宋玉祥. 清代东北地区土地开发及其动因分析[J]. 地理科学，2005，25(1).

[123] 李长生. 陆地生态系统的模型模拟[J]. 复杂系统与复杂性科学，2004，1(1).

[124] 李长生. 生物地球化学的概念与方法：DNDC 模型的发展[J]. 第四纪研究，2001，21(2).

[125] 林凡，李典友，潘根兴，等. 皖江自然湿地土壤碳密度及其开垦为农田后的变化[J]. 湿地科学，2008，6(2).

[126] 林珊珊，郑景云，何凡能. 中国传统农区历史耕地数据网格化方法[J]. 地理学报，2008，63(1).

[127] 林忆南，金晓斌，杨绪红，等. 近两百年江苏省城乡建设用地数量估算与空间重建[J]. 地理学报，2017，72(3).

[128] 林忆南，金晓斌，杨绪红，等. 清代中期建设用地数据恢复与空间网格化重建：方法与实证[J]. 地理研究，2015，34(12).

[129] 刘纪远，匡文慧，张增祥，等. 20 世纪 80 年代末以来中国土地利用变化的基本特征与空间格局[J]. 地理学报，2014，69(1).

[130] 刘纪远，邵全琴，延晓冬，等. 土地利用变化对全球气候影响的研究进展与方法初探[J]. 地球科学进展，2011，26(10).

[131] 刘纪远，王绍强，陈镜明，等. 1990—2000 年中国土壤碳氮蓄积量与土地利用变化[J]. 地理学报，2004，59(4).

[132] 刘朋涛，杨婷婷，姚国征，等. 不同放牧强度下荒漠草原碳密度的变化[J]. 西北农林科技大学学报：自然科学版，2014，42(7).

[133] 刘淑娟，张伟，王克林，等. 桂西北典型喀斯特峰丛洼地退耕还林还草的固碳效益评价[J]. 生态学报，2016，36(17).

[134] 龙瀛，金晓斌，李苗裔，等. 利用约束性 CA 重建历史时期耕地空间格局：以江苏省为例[J]. 地理研究，2014，33(12).

[135] 卢娜. 土地利用变化碳排放效应研究[D]. 南京:南京农业大学，2011.

[136] 罗静, 陈琼, 刘峰贵, 等. 青藏高原河谷地区历史时期耕地格局重建方法探讨: 以河湟谷地为例[J]. 地理科学进展, 2015, 34(2).

[137] 罗静, 张镱锂, 刘峰贵, 等. 青藏高原东北部河湟谷地 1726 年耕地格局重建[J]. 地理研究, 2014, 33(7).

[138] 马文红, 韩梅, 林鑫, 等. 内蒙古温带草地植被的碳储量[J]. 干旱区资源与环境, 2006, 20(3).

[139] 马晓哲, 王铮. 土地利用变化对区域碳源汇的影响研究进展[J]. 生态学报, 2015, 35(17).

[140] 马志敏, 吕一河, 孙飞翔, 等. 黑河中游荒漠绿洲区土地利用的土壤养分效应[C]// 中国生态学学会 2013 年学术年会, 2013.

[141] 孟凡乔, 关桂红, 张庆忠, 等. 华北高产农田长期不同耕作方式下土壤呼吸及其季节变化规律[J]. 环境科学学报, 2006, 26(6).

[142] 奈特. 风险、不确定性与利润[M]. 安佳, 译. 北京: 商务印书馆, 2009.

[143] 帕提古力·麦麦提, 巴特尔·巴克, 李宏, 等. 荒漠区新建林及外围原有荒漠土壤有机碳含量分析[J]. 新疆农业科学, 2011, 48(7).

[144] 朴世龙, 方精云, 郭庆华. 利用 CASA 模型估算我国植被净第一性生产力[J]. 植物生态学报, 2001, 25(5).

[145] 朴世龙, 方精云, 贺金生, 等. 中国草地植被生物量及其空间分布格局[J]. 植物生态学报, 2004, 28(4).

[146] 齐光, 王庆礼, 王新闯, 等. 大兴安岭林区兴安落叶松人工林植被碳贮量[J]. 应用生态学报, 2011, 22(2).

[147] 曲福田, 卢娜, 冯淑怡. 土地利用变化对碳排放的影响[J]. 中国人口·资源与环境, 2011, 21(10).

[148] 冉有华, 李新, 卢玲. 四种常用的全球 1 km 土地覆盖数据中国区域的精度评价[J]. 冰川冻土, 2009, 31(3).

[149] 冉有华, 李新. 全球第一个综合高分辨率土地覆盖图: 中国 30 m 分辨率全球土地覆盖图评述[J]. 中国科学: 地球科学, 2015, 45(8).

[150] 任伟, 王秋凤, 刘颖慧, 等. 区域尺度陆地生态系统固碳速率和潜力定量认证方法及其不确定性分析[J]. 地理科学进展, 2011, 30(7).

［151］沈亚明，胡辰溪. 基于 RS 与 GIS 的区域土地利用变化引起的生态环境效应研究——以广阳岛为例［J］. 荆楚理工学院学报，2013(2).

［152］史威，朱诚，马春梅，等. 中坝遗址约 4250 a B.P. 以来古气候和人类活动记录［J］. 地理科学，2008，28(5).

［153］史志林，汪桂生，颉耀文. 西夏元时期黑河流域水土资源开发利用研究［J］. 中国农史，2014，33(6).

［154］孙善磊. 杭州湾地区植被净初级生产力(NPP)对气候变化响应的模拟［D］. 南京：南京信息工程大学，2008.

［155］王伯仁，徐明岗，文石林. 长期不同施肥对旱地红壤性质和作物生长的影响［J］. 水土保持学报，2005，19(1).

［156］王绍强，周成虎. 中国陆地土壤有机碳库的估算［J］. 地理研究，1999，18(4).

［157］王义中，宋敏. 宏观经济不确定性、资金需求与公司投资［J］. 经济研究，2014(2).

［158］王渊刚，罗格平，冯异星，等. 近 50a 玛纳斯河流域土地利用/覆被变化对碳储量的影响［J］. 自然资源学报，2013，28(6).

［159］王渊刚，罗格平，赵树斌，等. 新疆耕地变化对区域碳平衡的影响［J］. 地理学报，2014，69(1).

［160］魏希文，缪丽娟，江源，等. 基于分层分区法的中国历史耕地数据的网格化重建［J］. 地理学报，2016，71(7).

［161］魏学琼，叶瑜，崔玉娟，等. 中国历史土地覆被变化重建研究进展［J］. 地球科学进展，2014，29(9).

［162］吴致蕾，刘峰贵，陈琼，等. 公元 733 年河湟谷地耕地分布格局重建［J］. 资源科学，2017，39(2).

［163］许明祥，王征，张金，等. 黄土丘陵区土壤有机碳固存对退耕还林草的时空响应［J］. 生态学报，2012，32(17).

［164］杨景成，韩兴国，黄建辉，等. 土地利用变化对陆地生态系统碳贮量的影响［J］. 应用生态学报，2003，14(8).

［165］杨利琼. 开垦对黄河三角洲芦苇湿地净生态系统 CO_2 交换过程的影响

[J]. 植物生态学报，2013，37(6).

[166] 杨婷婷，吴新宏，王加亭，等. 中国草地生态系统碳储量估算[J]. 干旱区资源与环境，2012，26(3).

[167] 杨运，吴吉春，骆乾坤，等. DREAM算法分析地下水数值模拟不确定性的影响因素[J]. 地质论评，2016，62(2).

[168] 叶瑜，方修琦，任玉玉，等. 东北地区过去300年耕地覆盖变化[J]. 中国科学：地球科学，2009b，39(3).

[169] 叶瑜，方修琦，张学珍，等. 过去300年东北地区林地和草地覆盖变化[J]. 北京林业大学学报，2009a，31(5).

[170] 于贵瑞，王秋凤，朱先进. 区域尺度陆地生态系统碳收支评估方法及其不确定性[J]. 地理科学进展，2011，30(1).

[171] 俞超，张丽琴，唐殿明. 基于清单算法的湖北省土地利用碳排放效应和趋势分析[J]. 水土保持研究，2014，21(4).

[172] 张洁，陈星. 中国东部地区土地利用和植被覆盖的历史演变[J]. 南京大学学报(自然科学)，2007，43(5).

[173] 张晶，濮励杰，朱明，等. 如东县不同年限滩涂围垦区土壤pH与养分相关性研究[J]. 长江流域资源与环境，2014，23(2).

[174] 张丽娟，姜蓝齐，张学珍，等. 19世纪末黑龙江省的耕地覆盖重建[J]. 地理学报，2014，69(4).

[175] 张梅，赖力，黄贤金，等. 中国区域土地利用类型转变的碳排放强度研究[J]. 资源科学，2013，35(4).

[176] 张兴榆，黄贤金，赵小风，等. 环太湖地区土地利用变化对植被碳储量的影响[J]. 自然资源学报，2009，24(8).

[177] 赵荣钦，黄贤金，高珊，等. 江苏省碳排放清单测算及减排潜力分析[J]. 地域研究与开发，2013，32(2).

[178] 赵荣钦，秦明周. 中国沿海地区农田生态系统部分碳源/汇时空差异[J]. 生态与农村环境学报，2007，23(2).

[179] 郑聚锋，张旭辉，潘根兴，等. 水稻土基底呼吸与CO_2排放强度的日动态及长期不同施肥下的变化[J]. 植物营养与肥料学报，2006，12(4).

［180］周涛，史培军. 土地利用变化对中国土壤碳储量变化的间接影响［J］.
地球科学进展，2006，21(2).

［181］朱枫，崔雪锋，缪丽娟. 中国历史时期土地利用数据集的重建方法述评
［J］. 地理科学进展，2012，31(12).

第 3 章 研究区概况及数据源

3.1 研究区

中国位于太平洋西岸,面积位居世界第三位,地处东亚季风区,跨越热带、亚热带和温带等多个气候带,区内水网、湖泊密集,降水丰富,土壤肥沃,为农业发展提供了有利的水热条件,自古以来是一个农业种植大国,其历史时期的土地利用与覆被变化过程在全球 LUCC 格局中占有重要地位。由于政权更替、战争频发和政策调整,近 300 年来我国的行政界线发生多次更替,鸦片战争之后,晚清政府在新疆和东北地区建省,现属蒙古国的地区当时也采用了新的管理体制;北洋政府初期,全国设置了 22 个省;国民政府时期,撤销热河、察哈尔、绥远三个特别行政区,改设热河省、察哈尔省、绥远省;将甘肃省宁夏道及内蒙古西套二旗设立为宁夏省,将甘肃省所属的西宁道旧地及原青海地方设立为青海省。清代以来的行政区划主要是省、府(直隶州、直隶厅)、县(县、散州、散厅)三级行政管辖体制,乾隆时分为 18 省,清末改制分为 22 省。至中华人民共和国成立后,我国现行的行政区划主要以省(自治区、直辖市、特别行政区)、市(自治州地区)、县(自治县)三级行政体制来管辖,共有 34 个省级行政区。

近 300 年来中国政体和行政区划发生多次变动,考虑历史沿革和简化运算的需要以及便于衔接现有历史耕地、林地空间化成果(Li et al.,2016;He et al.,2015),开展研究成果的对比工作,消除数据集间的时空不一致,选取现代行政区划作为本研究的分析单元,并将上海和江苏合并为沪宁地区,河北、天津和北京合并为京津冀地区,四川和重庆合并为川渝地区,甘肃和宁夏合并为甘宁地区,广东和海南合并为粤琼地区,简化后形成的研究单元共计 25 个,见图 3-1。

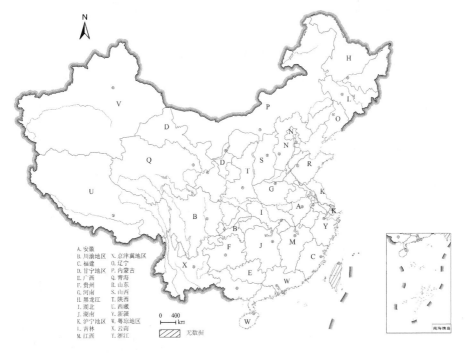

A. 安徽　　　　N. 京津冀地区
B. 川渝地区　　O. 辽宁
C. 福建　　　　P. 内蒙古
D. 甘宁地区　　Q. 青海
E. 广西　　　　R. 山东
F. 贵州　　　　S. 山西
G. 河南　　　　T. 陕西
H. 黑龙江　　　V. 西藏
I. 湖北　　　　V. 新疆
J. 湖南　　　　W. 粤琼地区
K. 沪宁地区　　X. 云南
L. 吉林　　　　Y. 浙江
M. 江西

0　400 km

▨ 无数据

图 3-1　研究区区位图

审图号:GS(2016)1549 号　GS(2016)2884 号

3.2　研究时点选取

根据厚今薄古、相对依据的原则,首先根据人口序列初步确定以人口为参数的典型时段(人口典型时段),然后在人口典型时段的基础上,根据具有重大历史事件的人口—历史事件进一步划分典型时段(人口—历史事件典型时段),再次根据(土地利用)数据的相对丰富性与可获得性,综合确定典型时点。

3.2.1　人口增长序列

过去 300 年来,人口增长剧烈,对粮食、薪柴等需求量激增,导致大范围的毁林开荒活动,土地利用格局发生较大变化。因此,在典型时段确定过程中,

首先利用现有的人口数据(潘倩等,2013)制定 300 年来的人口变化图(见图
3-2),选择人口变化比较明显的时段作为后续典型时段选取的基础。

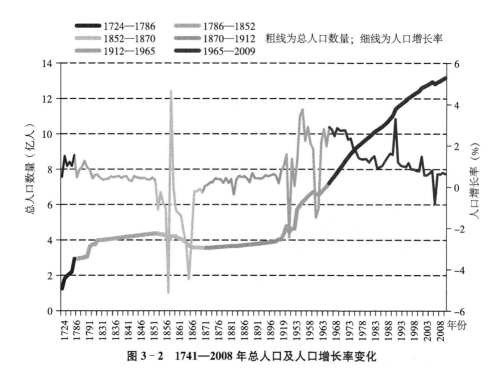

图 3-2 1741—2008 年总人口及人口增长率变化

由图 3-2 可知,近 300 年我国总人口的变化趋势主要表现为:清前中期
人口稳定上升,偶见波动;清后期至中华人民共和国成立前人口大幅下降后
上升,波动幅度非常大;中华人民共和国成立后人口稳步快速上升,偶见波动。

为便于选择典型时段,首先选取人口变化率超过 10％的年份,分别为:
1742(11.4％),1775(19.7％)、1778(一 10.3％)、1779(13.2％)、1852
(-12.2％)、1853(-16.1％)、1884(11.7％)、1896(10.7％)、1898(26.8％)、
1925(10.1％)和 1949(14.3％)。其次,从人口总量来看,选择相对稳定但总
量较大的年份,主要有 1776±、1795±、1850±、1896±、1950±。从人口角
度,分别从人口总量以及变化率来看,分析得出典型时段,分别为 1775—1780
年、1850—1855年、1884年、1895—1911年、1925 年和 1949 年。显然,上述数
据是以全国性的人口数据而论的。实际上,各时段各区域的人口数量及其变
化具有较大的差异,统计口径有时也不一致,因此,全国人口总量及其变化率

仅作为典型时段选取的主要依据之一。

3.2.2　重大历史事件

利用重大历史事件对人口典型时段进行修正,选出人口变化剧烈且发生重大历史事件或经济变革的人口—历史事件典型时段。重大历史事件指会引起大范围或局部剧烈土地利用转变的历史事件,包括朝代更替、重大的土地利用政策变革(如东北的封禁与开禁)、战争、大范围饥荒等,利用这些历史事件对人口典型时段进行校正,将与土地利用变化相关的时段选出,同时去除掉人口序列中可能存在的错误点,如统计时的输入错误等。

通过阅读收集相关的历史文献资料,查找各人口典型时段内可能发生的重大历史事件。① 1775—1780 年处于乾隆中后期,是清前期人口稳定增长过程中的小范围波动时段。经过查阅资料得知,该波动主要是由于之前的全国的保甲户口登记制度存在大量漏报、造报现象,人口统计数量偏低,1776 年以后,保甲功能健全,统计数字发生变化。一方面,该时期耕地面积稳定增加,没有剧烈的波动,故不将该时段纳入人口—历史事件典型时段。② 1850—1855 年,由图 3-2 可知,1851 年人口较 1850 年人口下降约 200 万人,主要是由于太平天国起义引起大规模战乱,不仅导致人口总数下降,同时影响到全国的人口统计工作。另一方面,注意到东北开禁初期约为 1860 年,东北的开禁伴随着耕地的大面积增加以及林地的大范围减少,故可将该时期作为开禁前的典型时期。③ 1884 年、1895—1911 年为清朝覆灭时期,国内局势非常动乱,中法战争、中日甲午战争、八国联军侵华等大型战争爆发,同时帝国主义掀起了瓜分中国的狂潮,直至 1911 年清王朝覆灭。注意到该时段内人口却是增加的,可能是因为全国其他非战争区域人口的增加导致总人口增加,可将该时段保留为人口—历史事件典型时期。④ 由总人口曲线可以看出,民国时期(1912—1948 年)的总人口波动很大,1925 年并不是一个特殊的年份。当时国内的政治环境异常动荡,因此,在如此不稳定的政治环境下,人口统计的准确性也有待确定,故民国时期典型年的确定以数据可获取性为主要依据。⑤ 1949 年后,人口稳定增长。一般认为,改革开放后,经济的迅速发展对土地利用格局产生剧烈影响,相对而言,1949 年以前的土地利用格局变化强度相对较弱。综上所述,民国时期和中华人民共和国成立初期的典型时段选取以数据可获取性为主要依据。

3.2.3 数据可获取性

数据的可获取性是指土地利用数据,尤其是耕地类数据的有关情况。从典型时段的确定来说,土地利用数据的丰富性、全面性与可获取性是确定典型时段最重要的要素。由于历史资料的限制,通过上述方法选取的人口—历史事件典型时段,其相应的数据可能无法获得或者不够全面或不够精确,故需要根据(土地利用)数据的可获取性对其进行校正,即选取那些数据相对较全的人口—历史事件典型时段作为最终的典型时段。

综合多方面的数据来源和数据的可获取性,康乾盛世的起点较好地吻合了西方工业革命的起始时点,故本研究的起始时点选择为 1661 年,1700—1850年社会经济稳定发展的清前期 150 年间无典型时段,故选取已有研究成果相对全面的 1724 年和嘉庆末年也即道光初年的 1820 年,民国时期选取 1933 年,中华人民共和国成立后选取 1952 年。同时,考虑到典型时段的时间间隔问题,本研究最终选取的重建时点统一为 1661 年、1724 年、1820 年、1887 年、1933 年和 1952 年。

3.3 历史农林地变化趋势

3.3.1 历史耕地变化趋势

随着人口快速增长,我国的土地垦殖活动十分剧烈。现有恢复修正过去300 年耕地数据的研究颇丰,多基于官修政书及地方志等历史文献(梁方仲,1980;史志宏,1989;章有义,1991),但由于各学者所参考的文献基础不尽相同,相应的修正方法亦异,重建结果差异较大(曹雪等,2013)。从耕地变化的时间过程来看,历经明末清初的战乱动荡,人口减少显著,全国多地生产停滞,土地荒芜,耕地大量减少。清代是我国农业发展较为迅猛的时期。康熙—雍正时期,政府采取了诸如展限升科年限、颁行考成制度、摊丁入亩、改土归流等一系列措施,招抚流民,鼓励垦殖,恢复生产(葛全胜,2008a,2008b),传统农区的农业种植大面积得以恢复,生产技术也有了适度提升,同时,农业大规模地向边疆地区推进,其中以东北放垦和南方山地的开发为主(Jin et al.,2015;王金朔等,2015);至乾隆—道光年间,人口超过 4 亿(曹树基,2001b),加之西方的番薯、玉米等作物引进,山区陡坡、干旱缺水之地都能被有效利用,农业垦殖也达到这一时期的顶峰。19 世纪中后期至民国时期,中国内地耕地面积变化不大(张建民,1990;曹雪等,2014),但东北三省的拓垦活动并未停止,耕地面积从 1683 年的5396 km² 增加到 1940 年的 52180 km²;中华人民共和国成立后,耕地面积随着不同的历史发展阶段增减交替,1949 年至 1957 年,大规模毁林开荒,扩大耕地面积以满足粮食需求,到 1957 年全国耕地比中华人民共和国成立初多了13.33×10⁴ km²(葛全胜等,2008a);同时期的第一个五年计划和经济大发展,出现了交通水利、工矿企业占用耕地的第一次高潮,而 1963 年至“文革”结束前,我国各项经济建设基本停滞,耕地面积基本保持稳定;20 世纪 80 年代后,随着改革开放和经济蓬勃发展,耕地面积呈缓慢减少态势,1999 年之后,由于生态退耕和经济建设占用等原因,除东北三省和西北的新疆、青海等地外,其余省份的耕地面积迅速减少(封志明等,2005)。

3.3.2　历史林地变化趋势

由于林地并不作为纳税的依据,故中国历史上对林地的记录十分稀缺。历史上,中国曾是一个多森林的国家,这已经得到学者的广泛认同,早在远古时代,境内森林面积有 570×10⁴～620×10⁴ km²,占国土面积的 60%～64%(樊宝敏等,2001)。其后,随着人口增加和社会发展,森林资源消耗与日俱增。相关研究表明,近 300 年间,森林和耕地面积变化相互关联,常常表现出此消彼长的关系(葛全胜等,2008a);1700 年全国森林面积达 248×10⁴ km²,但因人口迅猛增长,清廷不得不多次鼓励开垦新田,清前中期林地面积锐减,尤以乾隆、嘉庆两朝最甚(赵冈,1996);近百年来,森林面积又因战争及其他政策原因而锐减,至 1950 年仅余 109×10⁴ km²,降至 300 年来的最低值(He et al.,2015;何凡能等,2007);此后,受植树造林和森林保护等政策影响而逐步增加,至 2000 年恢复到 189×10⁴ km²(葛全胜等,2008a)。从空间变化过程来看,华北地区自古以来是我国的农业种植集中区,人口密度较高,森林早已受到大规模的破坏,森林覆盖率整体相对较低,原始森林仅残存于山区腹地,平原地区几无森林分布;明末清初的西南和东北地区是我国森林最为丰富的地区,东北地区在1860年以前施行封禁政策,内部的窝集(森林)得到较好的保护,但在咸丰朝后,随着流民出关垦殖、西方列强入侵,东北三省的森林遭到了史无前例的破坏,为了获取林木产品和进行农业种植,大面积优质森林被砍伐。西南地区的四川盆地垦殖历史较为悠久,垦殖主要集中在平原盆地区,其他高原山地区的森林保存较好。随着清朝重启皇木采伐政策,西南地区深山老林的优质林木,尤其是楠木遭到了大面积砍伐。此外,乾隆—嘉庆时期,西南地区人口大量增加,加剧了人地关系矛盾,对耕地、林木产品的需求不断转移到山区林地。西北地区降水稀少、蒸发量大,属于干旱少雨区,受自然环境限制,新疆、青海等地区的山区森林保存较为良好。南方丘陵区地形起伏较大、山川延绵,清初这些地方森林覆盖率较高;在洞庭湖平原、鄱阳湖平原、珠江三角洲、皖南平原等地垦殖历史较为悠久,森林分布较少,随着人口密度、粮食需求和伐木取材的增加,人口开始向山区转移,并开始垦殖坡耕地,加之战争的影响,南方森林受到了严重破坏。

3.4 数据来源

本研究所用数据类型分为人口、耕地、林地等属性数据和地形地貌、气候水文、植被土壤等空间数据,其中考虑到耕地和林地要素特征的典型性、模型在运算中的可行性、与相关研究(气候模拟、环境效应分析)的尺度衔接性,以及与已有数据叠加的便利性等因素,本研究的空间数据网格分辨率设定为1 km×1 km,统一投影系统和坐标系统使之能完全套合。

3.4.1 历史人口数据源

历史时期土地利用重建研究中,人口的时空格局变化暗含了历史土地利用方式和强度等信息,并为历史典型断面选取、模型参数修订、结果精度检验提供了参考。历史时期人口变化与空间分布是人口地理学的研究重点,形成了丰富的学术成果(Ramankutty et al.,2002;刘德钦等,2004;陈刚强等,

2008；马颖忆等，2012；吕晨等，2009）。其中，复旦大学历史地理研究中心利用历史文献、档案以及近现代的统计资料，建立的中国人口地理信息系统（Chinese Population GIS，CPGIS[①]）为认识历史人口变化提供了重要的数据。潘倩等（2013）整理了大量的文献和统计年鉴后，将中国近 300 年来的人口按清代、民国时期和中华人民共和国成立以来三个时段分别订正了一套包含 286 个时相的分省人口数据集，其中清代人口数量以姜涛所著《中国近代人口史》和赵文林、谢淑君所著《中国人口史》为主，不一致处参考官方人丁、人口记载及前人研究论著；民国时期人口数量采用《中国人口史》修正，得到 1912年、1919 年、1925 年、1928 年、1936 年的分省人口数据，再加以年平均增长率插补所缺数据；中华人民共和国成立后，考虑到《中国人口统计年鉴》（后改名为《中国人口和就业统计年鉴》）无系统错误，故以此为数据基础得到 1949 年以来的人口数据。本研究选取复旦大学 CPGIS 数据集中的 1820 年（分府）、1936 年（分县）和潘倩等修正的近 300 年分省人口数据集作为人口基础数据集（数据源见表 3-1），辅以历史耕地、林地数量的推算和检验，同时用于对模型参数的校验和成果的精度检验。

表 3-1　历史人口数据源

数据	区域	时间点	空间尺度	数据源
人口	全国	1820 年	分府	CPGIS
		1936 年	分县	CPGIS
	全国 25 个省、区	1661—1952 年共 286 个时相	分省	潘倩等（2013）

3.4.2　历史耕地数据源

有关近 300 年来中国历史耕地数量的记载散见于地方志、税赋、奏折、典籍和统计资料中，这些数据由于存在亩制、隐匿、虚报、漏报等多种问题而不能真实反映历史耕地的实际情况（曹雪等，2013），故需要对其进行筛选、甄别、订正和校验后获得历史耕地的真实统计信息。葛全胜等（2008a）、叶瑜等（2009b）、李士成等（2015）和曹雪等（2014）分别对近 300 年来中国传统农区、东

---

① 资料来源：http://cpgis.fudan.edu.cn/cpgis/default.asp，2011-07-15。

北地区、青藏高原、中国全域的历史耕地数量进行了订正和恢复,由于各个学者所采用的基础数据源和订正体系各异,所修正的耕地数据集间存在时间断面难以衔接、空间单元不一致等问题,各具优缺点。为最大程度利用已有成果,消除数据集间的时空不一致现象,根据本研究的时空尺度设计,选取 1661 年、1724 年、1820 年、1887 年、1933 年和 1952 年作为历史耕地的收集时点,选取合并简化后的现代行政区划作为研究单元,分别收集传统农区、东北三省、青海和西藏以及新疆等地区近 300 年的历史耕地数据(数据源见表 3-2)。其中,传统农区内地 18 省的历史耕地数量选用曹雪等(2014)修正的数据集;东北地区选用叶瑜等(2009b)修正的数据集,其中时段不一致年份采用线性内插补充;青海和西藏的近 100 年历史耕地数据引用李士成等(2015)的成果,更久远时段引用 Li 等(2016)考证的 1661 年至 1933 年各个时点的耕地数据,结果见图 3-3。

表 3-2 历史耕地数据源

数据	区域	时间点(年份)	空间尺度	数据源
耕地	新疆、内蒙古和传统农区 18 省	1661,1724,1820,1887,1933,1952	分省	曹雪等(2014)
	辽宁、吉林和黑龙江	1683,1735,1780,1908,1914,1931,1940	分省	叶瑜等(2009b)
	西藏、青海	1910,1950	分省	李士成等(2015)
		1661,1724,1820,1873,1933	分省	Li 等(2016)

3.4.3 历史林地数据源

由于林地并不作为纳税的计量单位,因此,自清以来关于林地规模的史料记载不如田亩、赋税和人口等资料丰富,大多以定性和半定量记载散见于各类地方志、奏折、典籍和专著中。已有中国学者对历史林地进行了数量重建(凌大燮,1983;文焕然、何业恒,1979;史念海,1991;樊宝敏、董源,2001;马忠良等,1997;陈嵘,1951),认为历史时期林地覆盖率占国土面积的 49.6%~64%(凌大燮,1983;马忠良等,1997),随着人口增长、科技进步和农业发展,森林资源日趋减少,到 1840 年降至 17%,至中华人民共和国成立前夕降至 12.5%(樊宝敏,2001)。其中,何凡能等(2007)结合现代清查统

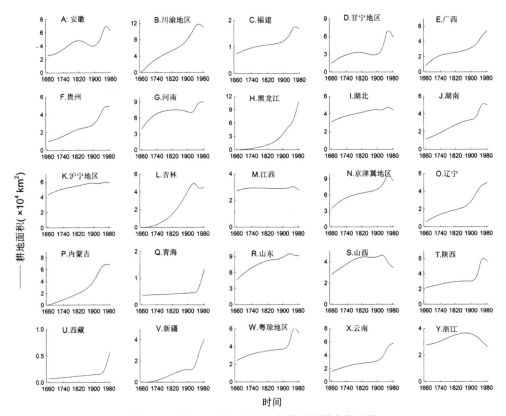

图 3-3　近 300 年来中国分省耕地数量变化趋势

计资料和前人研究成果,以清代史料为基础,通过对林地变迁和人口变化趋势的把握,重新校订了 1949 年和 1700 年的林地估算数据,并回溯估算了 1750—1900 年中国各省区每 50 年的林地面积数据;学者叶瑜等(2009a)基于历史文献分析、原始潜在植被恢复和驱动力分析,重建了过去 300 年中国东北地区分县林草地覆盖规模。叶瑜等(2009a)得出的数据集在东北地区较何凡能等(2007)具有更高的空间分辨率和更可靠的数据源,故本研究选取叶瑜等(2009a)和何凡能等(2007)的历史林地数据集分别作为东北三省和其余 22 省区历史林地空间格局重建的数量控制因子,选取国家林业局公布的 1950—1962 年数据作为 1949 年后的林地数据(SFAC,1965)。

　　分析何凡能等(2007)重建的林地数据集可发现部分省份的林地数据存在异常,如修订的 1700 年河南、西藏、粤琼地区和浙江林地规模比 1980 年遥感数据中有林地(刘纪远等，2003)的数量分别低了 50.02%、66.40%、1.72% 和 9.47%，上述 4 个区域并非 1949 年后"三北"防护林建设的主战场，修订的林地规模比现代有林地面积还低是不合理的。考虑到林地消长与人口和耕地增长存在较好的负相关性(葛全胜等，2008a；林珊珊等，2008)，参考潘倩等(2013)修订的分省人口数据，曹雪等(2014)、叶瑜等(2009a)和李士成等(2015)分别修正的传统农区、东北三省和青藏地区的耕地数据(见表 3-2)，结合全国人口数量、耕地规模与林地数量的负相关性系数对上述异常省区林地数据进一步修订。而后，采用邻近替代原则将上述学者重建的林地数量时点衔接到本研究的重建时点上，如邻近时点内无相应数据，借鉴 He 等(2015)所用的人口趋势(潘倩等，2013)、耕地变化过程(曹雪等，2014；叶瑜等，2009b；李士成等，2015)和年均增长率插补法，内插生成本研究的历史林地数据集(见图 3-4)，所用数据源见表 3-3。

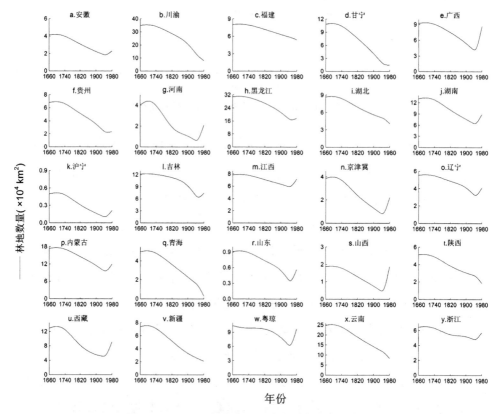

图 3-4　近 300 年来中国分省林地数量变化趋势

表 3 - 3　历史林地数据源

数据	区域	时点（年份）	空间尺度	数据源
林地	22 个省区	1700，1750，1800，1850，1900，1949	分省	何凡能等（2007）
	东北三省	1683，1780，1940	分省	叶瑜等（2009a）
	25 个省区	1950—1962	分省	国家林业局（1965）

3.4.4　其他空间数据

3.4.4.1　现代土地利用数据

现代土地利用数据是开展历史耕地和林地空间格局重建的首要基础性资料之一。本研究将现代耕地空间格局作为历史耕地空间格局重建的反演起点和外围边界，需尽量选择具有最大耕地垦殖范围时点的现代耕地数据作为历史耕地的最大可能垦殖边界。同时，将现代林地空间格局求并集作为构建历史潜在林地的可能分布范围，需要采用多期土地利用数据。本研究所用的 1980 年、1995 年、2000 年、2005 年和 2010 年全国 5 个时相的土地利用数据源自中国科学院遥感应用研究所，其中 1980 年、1995 年和 2000 年数据为矢量数据，2005 年和 2010 年为 1 km 栅格数据，数据具有统一的投影信息和地类分类代码。

3.4.4.2　高程数据

高程数据采用地球系统科学数据共享网（www.geodata.cn）提供的网格分辨率 1 km×1 km 的 DEM 数据，地面坡度可从 DEM 数据中直接提取获得。

3.4.4.3　河流水系数据

现代河网与湖泊数据采用国家基础地理信息中心的中国河网与湖泊基础地理数据（1∶400 万），根据河流等级分为 1 至 5 级；1820 年的河流和水体采用复旦大学研发的中国历史地理信息系统（CHGIS，2007，version4，Cambrige∶Harvard Yenching Institute）数据库中的线状和面状数据。

3.4.4.4　历史村镇居民点和治所地理数据

历史时期村镇和治所点空间数据采用 CHGIS 中的点状村镇居民点和历

史治所空间地理数据。

3.4.4.5 气象数据

多年平均降水量、平均＞0℃年积温数据采用地球系统科学数据共享网（www.geodata.cn）提供的网格化数据，原始数据的网格分辨率为 500 m×500 m，将其重采样到 1 km×1 km 网格；气候类型图采用中国 1∶3600 万气候区划图（中央气象局，1994）数字化结果。

3.4.4.6 土壤理化数据

土壤类型、理化数据源自 20 世纪 90 年代开展的第二次土壤普查形成的 1∶100 万中国土壤数据库（http://vdb3.soil.csdb.cn/extend/jsp/introduction），选取土壤表层 30 cm 的土壤 pH 和有机质含量。

3.4.4.7 历史道路数据

清代道路数据引用王成金等（2014）利用历史地图集订正的空间化道路成果。

3.4.4.8 现代自然植被数据

现代自然植被数据源自中国资源与环境数据库中 1∶400 万的中国植被数据（侯学煜，1979）。该图成图于 1979 年，可代表中国 1980 年的自然植被覆盖状态。空间数据的相关属性信息见表 3-4。

表 3-4 其他空间数据集属性信息

数据名称	时空分辨率	数据格式	数据来源
土地利用数据	1980 年至 2010 年每隔 5 年	1980 年、1995 年和 2000 年数据为矢量数据，2005 年和 2010 年为 1 km 栅格数据	中国科学院遥感应用研究所
高程数据	1 km 格网	GRID	地球系统科学数据共享网
河流水系	1∶400 万	shp	地球系统科学数据共享网
历史村镇居民点和治所地理数据	1820 年	shp	CHGIS
气象数据	1 km 格网	GRID	地球系统科学数据共享网

（续表）

数据名称	时空分辨率	数据格式	数据来源
土壤理化数据	1 km 格网	GRID	1：100 万中国土壤数据库
历史道路数据	清代	shp	王成金等(2014)
现代自然植被数据	1 km 格网	GRID	中国资源与环境数据库

参考文献

［1］ He F，Li S，Zhang X. A spatially explicit reconstruction of forest cover in China over 1700－2000［J］. Global & Planetary Change，2015，131(131).

［2］ Jin X，Cao X，Xindong D，et al. Farmland dataset reconstruction and farmland change analysis in China during 1661－1985［J］. Journal of Geographical Sciences，2015，25(9).

［3］ Li S，He F，Zhang X. A spatially explicit reconstruction of cropland cover in China from 1661 to 1996［J］. Regional Environmental Change，2016，16(2).

［4］ 曹树基. 中国人口史第五卷：清时期［M］. 上海：复旦大学出版社,2001.

［5］ 曹雪，金晓斌，王金朔，等. 近300年中国耕地数据集重建与耕地变化分析［J］. 地理学报，2014，69(7).

［6］ 曹雪，金晓斌，周寅康. 清代耕地数据恢复重建方法与实证研究［J］. 地理学报，2013，68(2).

［7］ 陈刚强，李郇，许学强. 中国城市人口的空间集聚特征与规律分析［J］. 地理学报，2008，63(10).

［8］ 陈嵘. 中国森林史料［M］. 北京：中国林业出版社，1983.

［9］ 樊宝敏，董源. 中国历代森林覆盖率的探讨［J］. 北京林业大学学报，2001，23(4).

［10］ 封志明，刘宝勤，杨艳昭. 中国耕地资源数量变化的趋势分析与数据重建1949—2003［J］. 自然资源学报，2005，20(1).

［11］ 葛全胜，戴君虎，何凡能，等. 过去300年中国土地利用、土地覆被变化与碳循环研究［J］. 中国科学：地球科学，2008，38(2).

［12］ 葛全胜，戴君虎，何凡能. 过去三百年中国土地利用变化与陆地碳收支［M］. 北京：科学出版社,2008.

[13] 何凡能，葛全胜，戴君虎，等. 近 300 年来中国森林的变迁[J]. 地理学报，2007，62(1).

[14] 侯学煜. 中华人民共和国植被图 [M]. 北京：中国地图出版社，1979.

[15] 李士成，张镱锂，何凡能. 过去百年青海和西藏耕地空间格局重建及其时空变化[J]. 地理科学进展，2015，34(2).

[16] 梁方仲. 中国历代户口、田地、田赋统计[M]. 上海：上海人民出版社，1980.

[17] 林珊珊，郑景云，何凡能. 中国传统农区历史耕地数据网格化方法[J]. 地理学报，2008，63(1).

[18] 凌大燮. 我国森林资源的变迁[J]. 中国农史，1983(2).

[19] 刘德钦，刘宇，薛新玉. 中国人口分布及空间相关分析[J]. 测绘科学，2004，29(b12).

[20] 吕晨，樊杰，孙威. 基于 ESDA 的中国人口空间格局及影响因素研究[J]. 经济地理，2009，29(11).

[21] 马颖忆，陆玉麒，张莉. 江苏省人口空间格局演化特征[J]. 地理科学进展，2012，31(2).

[22] 马忠良，宋朝枢，张清华. 中国森林的变迁[M]. 北京：中国林业出版社，1997.

[23] 潘倩，金晓斌，周寅康. 近 300 年来中国人口变化及时空分布格局[J]. 地理研究，2013，32(7).

[24] 史念海. 论历史时期我国植被的分布及其变迁[J]. 中国历史地理论丛，1991(3).

[25] 史志宏. 清代前期的耕地面积及粮食产量估计[J]. 中国经济史研究，1989(2).

[26] 王成金，王伟，张梦天，等. 中国道路网络的通达性评价与演化机理[J]. 地理学报，2014，69(10).

[27] 王金朔，金晓斌，曹雪，等. 清代北方农牧交错带农耕北界的变迁[J]. 干旱区资源与环境，2015，29(3).

[28] 文焕然，何业恒. 中国森林资源分布的历史概况[J]. 资源科学，1979，

1(2).

[29] 叶瑜，方修琦，任玉玉，等. 东北地区过去 300 年耕地覆盖变化[J]. 中国科学：地球科学，2009，39(3).

[30] 叶瑜，方修琦，张学珍，等. 过去 300 年东北地区林地和草地覆盖变化[J]. 北京林业大学学报，2009，31(5).

[31] 张建民. 明清农业垦殖论略[J]. 中国农史，1990(4).

[32] 章有义. 近代中国人口和耕地的再估计[J]. 中国经济史研究,1991(01).

[33] 赵冈. 人口、垦殖与生态环境[J]. 中国农史，1996(1).

第4章 近300年来中国耕地空间格局重建

从历史耕地空间分配方法来看,已有研究大多遵循从总量重建到空间格局重建的"自上而下"配置方法,即首先基于史料获得历史时期耕地数量,而后筛选并量化耕地空间分布影响因子,确定其耕作适宜性,再根据适宜性高低,依托现代耕地空间分布格局,将相应时段的耕地数量进行空间配置,最终成果易基于现代耕地空间格局形成"平铺"。然而,在耕地空间格局重建过程中,除考虑耕作适宜性外,还应综合耕地连续性分布原则,即周边是耕地的土地更有可能垦殖为耕地,这与元胞自动机(Cellular Automata, CA)的建模思路基本一致,因此,本研究基于约束性 CA 模型的建模思想(Wu, 1998;黎夏、叶嘉安,1999, 2005),综合考虑元胞状态和元胞邻域等因素对土地利用单元的影响,将区域土地利用的自然—人文环境因素作为约束条件,使其具备模拟历史耕地空间变化过程的能力。

本章拟以近300年中国历史耕地空间重建为研究对象,在现代耕地空间格局和历史耕地数量控制下,选择高程、坡度、水源可达性、多年平均降水量、距村镇居民点距离和土壤肥力作为耕地垦殖适宜性的表征因子,以历史人口数量作为修正因子,利用分区同步约束性 CA 模型,重建典型历史断面下1 km×1 km 网格化耕地空间格局,以期为历史耕地空间格局重建研究提供一种新的视角和思路。

4.1 历史耕地重建模型总体思路

历史耕地重建分为历史耕地数量重建和历史耕地空间格局重建(朱枫

等，2012；李柯等，2011）。前者指通过查阅典籍、甄别数据后获得历史耕地数量的统计信息，后者指根据一定的空间分配原则或方法，还原历史耕地的空间分布状况。前者是后者的分析起点和数据基础（葛全胜等，2003；曹雪等，2013）。

进行耕地空间格局重建，首先需要找到耕地的最大潜在分布范围。葛全胜等（2003，2005，2008a）、封志明等（2005）、张国平等（2003）、周荣等（2001）的研究表明，从清初至 1980 年，中国耕地数量总体呈波浪式增长趋势，并于1978—1980 年达到高峰，传统农区内部的宜耕土地几乎垦殖殆尽（林珊珊等，2008）；另一方面，现代耕地空间格局是人类活动对陆地表层施加影响、加以改造的累积结果，当代的耕地格局已暗含了历史格局信息，故可将现代耕地范围作为历史耕地分布的外围边界。

在耕地内部格局变化方面，以农业生产为目的的土地垦殖活动深受区域内自然环境状况的影响，耕地开垦一般遵循"先易后难"原则，即自然条件较好、宜于耕作地块垦殖较早，反之则较晚（何凡能等，2003）。只有当人口压力增大或遭遇重大灾害时，地势高、坡度陡、肥力低的土地才被列入开垦范围（李柯等，2011）。出于耕作便利、提升规模效益等考虑，耕地周边的土地更易于被优先垦殖。此外，考虑到区域自然—社会经济环境的地域差异性，各区域耕地空间布局影响因子的影响程度和效果各异，采用统一的转换规则和相同的演化速率反演时，将忽略由区域差异导致的演化规律的空间异质性和演化速率的空间差异性，为提高模拟精度，可将研究区细分为多个子区，分区同步模拟后合并重建结果以提高精度。

基于上述分析，本研究提出近 300 年来中国历史耕地重建的思路，即以现代耕地格局作为历史耕地的最大潜在分布范围，依据区域耕地垦殖适宜性和耕地集中分布原则，在一定时期的耕地数量控制和边界控制下，构建耕地空间反演规则，采用分区同步约束性 CA 模型方法，通过参数识别和修正后进行历史断面耕地空间格局重建（思路见图 4-1）。

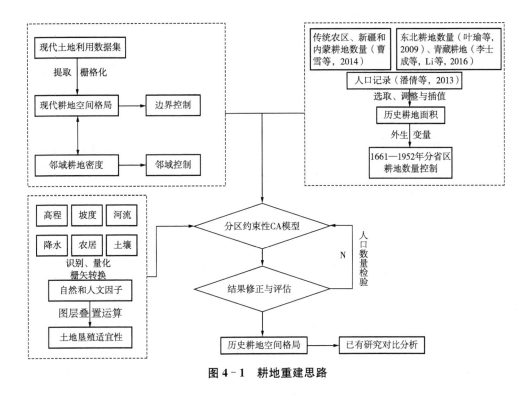

图 4-1　耕地重建思路

4.2　历史耕地空间格局重建模型

4.2.1　模型概述

目前,已有诸多学者对耕地布局的影响因素进行了综合分析。例如,李柯等(2011)认为耕地开发过程受地形、热量、水分、土壤、植被等自然因素以及人口状况、经济发展水平、农业政策、战争等社会因素的共同影响;刘耀林等(1995)将海拔高度、侵蚀强度、有机质含量、pH、土壤质地、耕层厚度、土层厚度、排灌状况作为土地适宜性评价的主要影响因子;焦利民等(2004)将有机质含量、土壤质地、土层厚度作为宜林地评价因子;李士成等(2012)认为耕地分布受地形、水热、土壤等自然因子和人口、政策、战争等人文社会因子的影响;颉耀文等(2013)认为高程、坡度与人口密度是影响耕地分布的主导因子。综合而言,可将耕地适宜性影响因素总结为自然因素和人文因素两类,前者包括地形坡度、海拔高度、热量、水分、土壤侵蚀强度、气候生产潜力、温度条件(积温)、有效土层厚度、基岩裸露(裸岩占总面积)、土壤质地、水文与排水条件、土壤盐碱化(盐碱化面积比例)、灌溉条件(与水体距离)、植被指数、土壤 pH、土壤有机质含量和耕层厚度等;后者包括人口状况、经济发展水平、农业政策和战争以及饥荒等;此外,耕地布局还受偶然因素和随机事件的影响和干扰。因此,为了使模拟结果更接近历史实际情况,在约束性 CA 模型中需引进随机项反映耕地演化的不确定性。

基于上述和 CA 模型的构成要素,针对历史耕地空间格局重建的约束性 CA 模型可以抽象为式 4-1:

$$State_{i,j}^{t-1} = f \begin{cases} Nature_{i,j}^t (Slope_i, Elevation_{i,j}, \ldots, River_{i,j}, Erode_{i,j}) \\ Social_{i,j} (Human_i, Policy_i, \ldots, War_i) \\ Neighbor_{i,j}^t, State_{i,j}^t, Rand_{i,j}^t () \end{cases} \quad (4-1)$$

即第 j 分区栅格单元 i 在 $t-1$ 时刻的元胞状态($State_{i,j}^{t-1}$)由 t 时刻的自然因素、人文因素、元胞状态、周边邻域和随机干扰因子综合决策。此处,是以当前时段为着眼点进行反向推测。

由于自然因素集的属性具有地域性且较为稳定,而人文因素集的属性易变且难以定量和空间化,加之受研究尺度与现有数据的限制,本研究选择高程($Elevation$)、坡度($Slope$)、水源可达性($River$)、多年平均降水量($Precipitation$)、距村镇居民点距离($Settlement$)、土壤肥力($Quality$)等作为土地耕作适宜度的主导因子,将人口数量作为历史耕地回溯的修正因子。将式 4-1 简化为式 4-2:

$$State_{i,j}^{t-1} = f(Q_{i,j}^t, Neighbor_{i,j}^t, State_{i,j}^t, Rand_{i,j}^t) \quad (4-2)$$

即第 j 分区栅格单元 i 在 $t-1$ 时刻的元胞状态 $State_{i,j}^{t-1}$ 由 t 时刻的土地耕作适宜度 $Q_{i,j}^t$、邻域变量 $Neighbor_{i,j}^t$、元胞状态 $State_{i,j}^t$、随机干扰项 $Rand_{i,j}^t ()$ 共同决策。模型基本要素见表 4-1。

表 4‐1 约束性 CA 模型的基本要素

模型要素	定 义
空间变量	自然和人文因子
元胞空间	分省/区,共 25 个
元胞大小	1 km×1 km
元胞状态	$V=1$ 表示耕地,$V=0$ 表示非耕地
转化规则	多属性分析(Multi-criteria Evaluation, MCE)
邻域	摩尔邻域,3×3 的矩形
离散时间	1 个迭代为 1 年

4.2.2 模型决策准则

4.2.2.1 耕作适宜度变量的空间准则

人们在进行农业生产时,总是优先垦殖地势平坦、肥沃的土地,只有当人口压力不断增长,人们对农产品的需求不断加大时,才会逐次垦殖地势较高、坡度较大、肥力较低的土地。因此,在重建历史耕地空间格局时,可通过逐次剔除耕作适宜度较低的元胞单元以达到耕地缩减的目的。

第 j 分区土地耕作适宜度(S_{ij}^t)通过多因子综合法计算(式 4‐3、4‐4),采用 Logistic 回归分析方法获取 a、$\gamma_1 \sim \gamma_6$ 的参数值。

$$S_{ij}^t = a + \gamma_1 \times Elevation_j + \gamma_2 \times Slope_j + \gamma_3 \times River_j +$$
$$\gamma_4 \times Precipitation_j + \gamma_5 \times Settlement_j + \gamma_6 \times Quality_j \tag{4-3}$$

$$Q_i^t = \frac{1}{1 + e^{-St_{ij}}} \tag{4-4}$$

式中:Q_i^t 为土地耕作适宜度的贡献概率,a、$\gamma_1 \sim \gamma_6$ 分别为常数项、高程、坡度、水源可达性、多年平均降水、距村镇居民点距离和土壤肥力的回归参数。

4.2.2.2 邻域变量的空间准则

出于投入产出效益、集中连片性耕作和耕作便利性考虑,耕地周边的土地更有可能被优先垦殖,由此,现代格局下宜垦程度低且零星分散的耕地元胞应是在更迟时段内被开辟为耕地,即意味着该元胞代表的耕地的存在时间距离现代不远,可认为此类元胞在耕地重建时应最先缩减。参考龙瀛等

(2009，2010)相关研究，邻域变量($Neighbor_{i,j}^t$)的空间准则采用 t 时刻第 j 分区除自身元胞 i 以外的 Moore 邻域内属性($cell_{i,j}^t$)为耕地的元胞数量与邻近元胞总数(8 个)的商，见式 4-5：

$$Neighbor_{i,j}^t = \frac{\sum_{i=1}^{8} cell_{ij}^t}{3 \times 3 - 1} \qquad (4-5)$$

4.2.2.3 历史耕地空间格局重建综合决策准则

历史耕地空间演化是由土地耕作适宜度、元胞邻域、随机干扰项等因素综合决策的结果。根据前述各因素的空间准则，参考刘小平等(2006)、张鸿辉等(2008)的研究，得到第 j 分区历史耕地空间演化的综合决策准则：

$$P_{i,j}^t = \exp\left[\alpha\left(\frac{R_{i,j}^t}{R_{g\max,j}^t} - 1\right)\right] \qquad (4-6)$$

$$State_{i,j}^{t-1} = \begin{cases} 0 & \text{if} \quad P_{i,j}^t < Threshold_j^t \\ 1 & \text{Else} \end{cases} \qquad (4-7)$$

式中：$P_{i,j}^t$ 为第 j 分区 t 时刻元胞单元 i 缩减为非耕地的最终概率，其值越小表明元胞单元 i 缩减为非耕地的可能性越大；$R_{g\max,j}^t$ 为第 j 分区 t 时刻参与运算的元胞单元所组成的潜在垦殖元胞集合中的最大值；α 为离散参数，取值为 1~10；$State_{i,j}^{t-1}$ 表征第 j 分区 t 时刻参与运算的元胞单元 i 在 $t-1$ 时刻的状态，即是否继续保持为耕地；$Threshold_j^t$ 为第 j 分区状态转化阈值，由于耕地缩减规律具有非线性和波动性，因此在每次循环迭代时逐步加大其值，具体见式 4-8；$R_{i,j}^t$ 表征第 j 分区元胞 i 受土地耕作适宜度、元胞邻域综合作用下的潜在垦殖概率，其计算模型见式 4-9：

$$Threshold_j^t = Threshold_j^{t+1} + \theta \qquad (4-8)$$

$$R_{i,j}^t = (\alpha \times Q_{i,j}^t + \beta \times Neighbor_{i,j}^t) \times \{1 + [Rand(\quad) - 0.5]/\varepsilon\} \quad (4-9)$$

式中：$Threshold_j^{t+1}$ 表征第 j 分区 $t+1$ 时刻的状态转变阈值；θ 为阈值的增加常量；$Q_{i,j}^t$、$Neighbor_{i,j}^t$ 含义如前所述；α、β 分别为第 j 分区 $Q_{i,j}^t$、$Neighbor_{i,j}^t$ 的权重参数，采用单一参数循环(Monoloop 法)方法识别参数 β、$\alpha = 1 - \beta$，根据等差原则从 0 到 $\beta_{\max}$(最大权重系数，根据经验设定)调整 β，获取 Kappa 指数最大情景下的权重参数值即为 α、β；$Rand(\quad)$ 为 0~1 的随机干扰项，表征人文因素如农业政策、战争等对耕地空间扩散的影响；ε 为表示干

扰程度大小的常数。

至此,用上述模型在 ArcGIS 中循环迭代模拟历史耕地空间格局时,回溯生成的历史耕地空间格局耕地数量是依次递减的,结合典型年份耕地数量(外生变量)即可确定相应年份的历史耕地格局,这表征在一定社会经济条件、生产力水平和耕地数量前提下的历史耕地的潜在分布状态。

4.2.3　模型修正

通过上述模型生成典型年份耕地潜在空间分布格局后,为使模拟结果与客观事实一致,仍需对重建格局进行检验和修正。改革开放以前,中国农业生产基本仍处在自然资源限制下的农户自耕状态,以劳动力支持的家庭式耕作为主。在县级尺度下,重建的历史耕地数量首先应符合该地区的劳动力供给水平,基于劳动力可耕地能力构建验证函数(曹雪等, 2013),如式 4 - 10:

$$\mu_{n,j} = \frac{P_{n,j} \times m \times lc}{A_{n,j}} \qquad (4-10)$$

式中:$P_{n,j}$ 指第 j 年 n 地区总人口数;m 指劳动人口的比例;lc 表示单位劳动力可耕地面积;$A_{n,j}$ 为模型生成的第 j 年 n 地区耕地数量。$\mu_{n,j}$ 表征第 j 年 n 地区劳动力可耕地指数,$\mu_{n,j} > 1$ 表示该地区的劳动力水平支持重建的耕地数量,反之则需修正上述模型的离散参数 α。

4.2.4　模型实现

在状态转变规则中,影响因素的权重是模型参数识别的重要环节,而各耕地演化分区内的影响机制有差异,需独立进行参数识别。作为分析的因变量,耕地发生状态转变(耕地到非耕地,状态发生转变为 1、不发生转变为 0)是二项分类常量(binary),不满足正态分布的条件,需要采用 Logistic 回归分析方法,自变量相应地为各影响因素的空间分布数据。利用 ESRI ArcGIS 的 SAMPLE 工具,对自变量和因变量对应的空间数据进行部分或全部采样,在 SPSS 环境中进行回归分析,得到各影响因素对耕地状态转变的贡献(即权重),以此作为 CA 模型的输入条件。

在利用历史时期数据标定模型参数的基础上运行模型:① 设定模型的环

境变量、不同历史时期的耕地数量、边界控制条件、影响因素及其权重系数；② 基于各阶段历史耕地订正数据计算不同时段不同分区内，需要发生状态转变的耕地数量；③ 在各分区内根据模型参数识别的结果，基于 Logistic 回归方法计算耕地适宜性及耕地单元的转变概率；④ 各分区采用循环的方式进行历史耕地的空间回溯，直到达到预计的模拟时间点，最终完成整个模拟过程；⑤ 所有分区完成模拟，得到中国近 300 年历史耕地的回溯结果。模型实现流程见图 4-2。

4.3　模型参数制备

4.3.1　宜垦因子量化与参数识别

4.3.1.1　因子量化

选取了表征自然因素的高程、坡度、距河流距离、多年平均降水量、土壤肥力以及表征社会经济因素的距村镇居民点距离作为历史耕地空间格局影响因素集。为便于回归分析和消除量纲干扰，需对各因子进行归一化处理。设定土地耕作适宜度为 1 时最适宜、为 0 时最不适宜。

（1）高程标准化

热量与水分随着海拔升降而发生垂直变化，从而造成土地开垦的垂直差异，当海拔达到一定高度时，水热条件成为限制作物生长的主导因子，因而耕地的分布也呈现出显著的垂直地带性（林珊珊等，2008；Lin et al.，2009；李士成等，2012）。对此，高程值采用式（4-11）进行归一化处理，式中 $Elevation_{ij}$ 为高程归一化值，e_{ij} 为第 j 分区栅格 i 的平均高程，$\max(e_{ij})$ 为第 j 分区内高程最大值。

$$Elevation_{ij} = \frac{\max(e_{ij}) - e_{ij}}{\max(e_{ij})} \qquad (4-11)$$

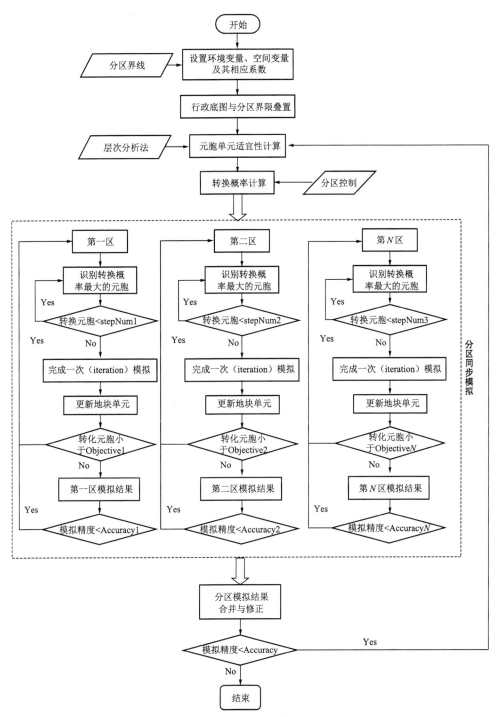

图 4-2　历史耕地重建模型实现流程

（2）坡度标准化

不同的地面坡度对土地利用方式起重要作用（颉耀文等，2013）。一般来说，坡度越高，耕作适宜性就越低。由此，坡度按式 4-12 进行归一化处理，式中 $Slope_{ij}$ 为坡度归一化值。

$$Slope_{ij} = \frac{\max(s_{ij}) - s_{ij}}{\max(s_{ij})} \qquad (4-12)$$

（3）距河流距离

水源作为农业耕作的主要影响因子之一，其空间分布在很大程度上决定了耕地的空间格局。距离河道近的地块取水便利，农业用水保障程度较大，在生产力低下的农耕时代，由于缺乏大规模的农田水利灌溉措施，该类地块更有可能被开垦为耕地并能得以持续保留耕作（刘明皓等，2011）。基于空间影响距离指数衰减理论对水源可达性进行指数加权归一化处理（张鸿辉等，2008）。见下式：

$$River_{ij} = a_1 e^{-b_{1j}d_{1j}} + a_2 e^{-b_{2j}d_{2j}} + a_3 e^{-b_{3j}d_{3j}} + a_4 e^{-b_{4j}d_{4j}} + a_5 e^{-b_{5j}d_{5j}} + a_6 e^{-b_{6j}d_{6j}}$$

$$(4-13)$$

式中：$River_{ij}$ 为距河流距离归一化值，定义为第 j 分区 i 栅格邻近的河流或湖泊空间距离指数加权；a_1、a_2、a_3、a_4、a_5 和 a_6 分别为第一级到第六级河流以及相邻湖泊的空间影响权重，可由层次分析法（AHP）计算得到；b_{1j}、b_{2j}、b_{3j}、b_{4j}、b_{5j} 和 b_{6j} 分别为第 j 分区相应各级河流和湖泊的空间影响衰减系数，其值根据空间影响距离确定；d_{1j}、d_{2j}、d_{3j}、d_{4j}、d_{5j} 和 d_{6j} 分别为第 j 分区地块 i 距各级河流和湖泊的欧氏距离。

（4）多年平均降水

除了考虑农业种植汲水距离的远近外，大气降水是耕地重要的补给水源。故此处将多年平均降水量作为一个自然因子引入模型中。利用最大值标准化法对其量化和空间化：

$$Precipitation_{ij} = \frac{p_{ij}}{\max(p_{ij})} \qquad (4-14)$$

式中：$Precipitation_{ij}$ 为第 j 分区 i 栅格多年平均降水量的标准化值；p_{ij} 为第 j 分区 i 栅格指标的初值；$\max(p_{ij})$ 为第 j 分区内指标的最大值。

（5）距村镇居民点距离

分府村镇居民点作为社会经济因素集的一个重要因子，其空间格局将影响农业耕作半径和范围。出于农业耕作与管理的便利性，距村镇居民点较远的地块被农户持续耕作的可能性较小，反之则相反。此处采用最大值负向标准化法归一化 $Settlement_{ij}$ 值，见式 4-15：

$$Settllement_{ij} = \frac{\max(d_{ij}) - d_{ij}}{\max(d_{ij})} \qquad (4-15)$$

式中：d_{ij} 为第 j 分区 i 栅格指标距最近村镇居民点的距离，$\max(d_{ij})$ 为第 j 分区 i 栅格指标距最近村镇居民点的最大距离。

（6）土壤肥力

在农耕时代，除施加家畜有机肥和部分绿肥外，土壤的自然肥力很大程度上决定了地块的粮食产量和被耕作的可能性。选取土壤 pH、有机质表征影响耕地空间分布的土壤理化指标。参考魏希文等（2016）的研究，将土壤 pH 在 4~8 和土壤有机质按式 4-16 进行标准化。式中：$Quality_i$ 为相应指标的标准化值；q_i 为相应指标的初值；$\max(q_i)$ 为相应指标的最大值。

$$Quality_i = \frac{q_i}{\max(q_i)} \qquad (4-16)$$

尔后，应用 ArcGIS 软件的叠加分析按式 4-17 加权叠加各图层，得到各个网格单元的土壤肥力值（$Quality$），μ_i 为相应指标的影响权重，可据层次分析法（AHP）求得。

$$Quality = \sum_{i=1}^{n} \mu_i \times Quality_i \qquad (4-17)$$

4.3.1.2　参数识别

为确定状态转变规则的相关参数值，需对现代耕地空间数据进行分析以获取元胞状态转变参数，本研究以 1980 年耕地分布范围作为历史耕地空间分布的最外围界限进行参数识别。

（1）水源可达性和土壤肥力参数识别

基础数据的参数主要涉及水源可达性和土壤肥力因子，结合专家意见和层次分析法，计算得水源可达性变量空间影响权重 a_1、a_2、a_3、a_4、a_5 和 a_6 分别为 0.2996、0.2267、0.1799、0.1039、0.0841 和 0.1059，其判定矩阵一致性系数分别为 0.0403,小于 0.1,满足研究要求;土壤肥力因子仅涉及 pH 和土壤有机质含量,此处认为两因子同等重要,采用等分权重各取 0.5。

(2) 利用 SPSS 软件,采用 Binary Logistic 模块回归除 *Neighbor* 变量之外的 6 个土地耕作适宜性因子(自变量)的影响系数

选用土地利用现状格局作为因变量,当栅格单位为耕地时定义为 1,否则为 0,随机抽样点的比例为 20%,结果见表 4-2。分析可知 *Sig.*<0.001,各因子值都通过检验,Logistic 回归模型的预测精度可用目标存在与否的正确分类比例来衡量,各分区建模数据集的总正确率全都大于 63%,其中青海、川渝地区和浙江更是分别达到 95.2%、84.30%和 79.6%,说明模型预测精度较高,且预测能力比较稳定。需注意的是,耕地空间布局影响因子的影响程度与效果因区域而各异。高程因子的回归参数除贵州省(−0.286)外,其余均为正值,距村镇点距离因子回归参数中仅浙江省为负值(−0.181),其余省区为正值,表明耕地空间布局与高程和距村镇距离存在普遍的负相关性;各省区坡度因子的回归参数无一例外全为正值,表明耕地空间布局与坡度存在负相关性,即坡度越大的地块被开垦的可能性越低,而坡度因子回归参数的大小不一,表明坡度因子的影响程度在各省区有所差异,如新疆、京津冀地区、黑龙江省的参数值较大,此时负相关程度愈加明显;西北甘宁地区、新疆、内蒙古和青海以及东北黑龙江、吉林地区的耕地空间分布与多年平均降水量存在正相关性,该类地区降水量时空分布不均,农业用水限制于冰川融水和大气降水,因而年均降水愈丰富的地区愈适宜耕作。[1] 而距河流距离和土壤肥力等因子对耕地空间分布的影响差异显著,并没有普遍性规律。总体而言,高程、距坡度和距村镇点距离因子对耕地空间格局影响呈负相关,而在区域内部,各影响因子的影响效果与程度各异。

---

① 高程、距村镇居民点距离、坡度的空间化函数为减函数,多年平均降水量的空间化函数为增函数。

表 4-2　耕地空间格局影响因子 logistic binary 回归参数

省/区	准确率	常量	高程	坡度	距河流距离	多年平均降水	距村镇点距离	土壤肥力
安徽	76.1	−9.293	8.663	2.796	1.514	−4.016	0.209	−0.095
川渝	83.1	−8.091	8.429	3.043	−1.03	−2.275	0.276	−0.966
福建	78.1	−2.606	4.456	1.091	−1.413	−2.638	0.219	−0.526
甘宁	67.5	−18.065	2.725	4.344	4.718	2.243	6.906	0.129
广西	74.4	−6.833	4.393	4.287	−0.296	−2.346	0.35	−1.362
贵州	63.4	−1.009	−0.286	0.29	0.954	−0.405	0.725	−0.144
河南	76.2	−11.366	7.746	4.652	1.18	−1.499	0.654	0.079
黑龙江	71.6	−15.778	10.019	7.532	−0.853	0.212	0.928	−0.649
湖北	74.9	−13.054	7.807	3.863	2.942	−0.437	0.144	−0.18
湖南	64.2	−4.149	5.05	2.115	0.863	−4.528	0.221	−0.607
沪宁	69	−2.286	3.868	2.111	−1.84	−1.927	0.542	−0.82
吉林	71	−19.263	13.6	4.516	0.696	4.688	1.721	−2.001
江西	71.8	−10.847	9.738	1.561	1.327	−1.653	0.205	−0.144
京津冀	71.3	−3.344	5.757	7.628	−4.232	−7.586	0.264	−0.308
辽宁	68.1	−4.263	3.899	2.454	0.123	−3.19	0.794	−0.507
内蒙古	66.8	−14.42	0.431	3.298	7.196	2.407	4.045	−1.763
青海	95.2	−20.365	17.939	3.266	3.525	5.424	1.143	−0.683
山东	73.8	−9.08	4.372	2.471	1.987	0.722	1.506	0.747
山西	65.2	−7.642	6.5	4.572	2.141	−4.045	0.969	−1.121
陕西	64.4	−4.473	6.054	1.646	−1.01	−1.893	1.39	−1.694
西藏	78.9	−22.834	9.253	2.882	9.762	−3.304	5.535	3.343
新疆	78.8	−27.588	7.405	11.913	6.579	4.144	5.376	−4.058
粤琼	73.8	−8.773	8.019	1.78	−1.782	−1.205	0.946	1.551
云南	76.7	−7.075	3.793	2.199	2.33	−1.971	0.716	−0.291
浙江	79.6	−9.967	9.813	3.152	0.106	−3.363	−0.181	0.072

注:$Sig.<0.001$,符合精度要求。

综合上述参数识别结果,对空间因子进行空间量化与可视化,结果见图 4-3。就图中数值而言,空间影响因子的值愈大,其土地耕作适宜性愈大,被耕作的概率就愈高。

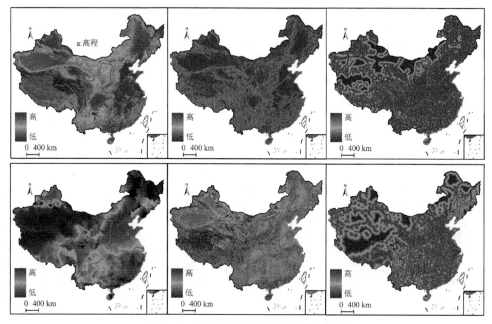

图 4 - 3　耕作适宜性因子空间量化结果

审图号:GS(2016)1549 号

（3）α、β 值识别

参考龙瀛等（2010）的研究成果,利用 Monoloop 方法调整 α、β 值（初值设置为 0.25）生成首幅耕地分布格局图层,而后识别最大 Kappa 指数条件下的权重参数作为 α、β 值（0.80,0.20）。

4.3.2　模型参数调试

为提高模拟结果的精度和可信度,模型试运行时,需对模型的离散参数（α,取值为 1～10）进行调试。选用 CPGIS 数据集中的中国 1820 年分府和 1933 年（用 1936 年人口替代）分县人口数据集和模型模拟的各区耕地数量按式 4 - 10 进行适度修正,参数设置见曹雪等（2013）的研究,结果见表 4 - 3。

表 4 - 3　1820 年和 1933 年劳动力可耕地指数统计情况

类型/μ	1820 年分府	比例	1933 年分县	比例
0～1	37	11.94	402	19.65

（续表）

类型/μ	1820 年分府	比例	1933 年分县	比例
1～5	147	47.42	1111	54.30
5～15	48	15.48	197	9.63
＞15	29	9.35	124	6.06
无人口记录	37	11.94	54	2.64
无耕地分配	12	3.87	158	7.72
合计	310	100.00	2046	100.00

　　从表 4-3 可知：在 1820 年的 310 个府中，除去无人口记录和无耕地分配的 49 个府（占总量的 15.81％），分府劳动力可耕地指数（μ）＜1 的有 37 个府、1～5 的有 147 个府，5～15 的有 48 个府，＞15 的有 29 个府；在 1933 年的 2046 个县中，除去无人口记录和无耕地分配的 212 个县（占总量的 10.36％），分县劳动力可耕地指数（μ）＜1 的有 402 个县、1～5 的有 1111 个县，5～15 的有 197 个县，＞15 的有 124 个县；由此，1820 年分府和 1933 年分县劳动力可耕地指数在 1～15 的分别占各年度总数的74.84％和83.58％，考虑到可供养人口数量和人口总数，本研究认为此数值区间是人口—耕地匹配的合理区间。1820 年，模型无耕地分配和劳动力可耕地指数＜1 的区域占比为15.81％，主要分布在青藏高原、新疆天山南北和内蒙古。该区域虽然土地广阔，但水资源十分缺乏，成为限制其农业发展的主要因子。区内百姓主要以放牧为主，过着逐水而居的游牧生活，而此时的东北地区正逢解禁放垦，流民开垦热情较大，故使得该时期 μ＜1 是可以接受的。1933 年，模型无耕地分配和劳动力可耕地指数＜1 的区域占比提高到 27.37％，μ＜1 区域覆盖范围有所放大，分布区域集中在青藏高原、新疆和东北地区，在"闯关东"浪潮下的大规模开垦耕地、第三产业的兴起以及近现代化肥、农药、机械等农业种植新技术的应用影响下，东北地区的人均耕地种植效率已远超以家庭为单位的手工模式，此时 μ＜1 区域覆盖范围有所放大是可以理解的。综合而言，通过调整离散参数后模拟形成的分府或分县历史耕地数量格局具有一定的合理性。

4.4 历史耕地空间格局重建

4.4.1 模型精度评估

经过前述的参数校验后,模型具有较为合理的分解各区域耕地数量的能力,为评估重建结果在空间位置上的可靠性,可将模型重建结果与历史地图进行点对点的直接对比。参考 Fuchs 等(2012)的研究成果,选用生产者精度、使用者精度和总体精度等指标进行评估,其公式如下所示:

$$p\_a = ccnm/acnhm \times 100\% \qquad (4-18)$$

$$u\_a = ccnm/acnm \times 100\% \qquad (4-19)$$

$$o\_a = cm/tm \times 100\% \qquad (4-20)$$

式中:p_a、u_a 和 o_a 分别表征生产者精度、使用者精度和总体精度;$ccnm$ 为抽样点被模型准确模拟且为耕地的数量;$acnhm$ 为抽样点在历史地图集中为耕地的数量;$acnm$ 为抽样点被模型模拟为耕地的数量;cm 为抽样点地类被模型准确模拟的数量;tm 为抽样点总数。

受史料数据源限制,只能对模拟结果的局部区域、部分时段进行对比分析。本研究选用包括哈尔滨市(a)、赤峰市(b)、牟平县(c)、大同市(d)、太原市(e)、滕州市(f)、嘉兴市(g)、宁波市(h)、福州市(i)、广州市(j)、南宁市(k)、南昌市(l)、重庆市(m)和西宁市(n)共计 14 个市县在内的 20 世纪 30 年代国民政府参谋本部陆地测量总局 1∶10 万地形图[①]作为精度评价底图,经过空间配准(误差小于半个栅格)和投影转化后,合计随机选取了 610 个抽样点进行目视判别,得出的评估结果见表 4-4 和图 4-4。

---

① 数据来源:http://blog.sina.com.cn/kcj。

表 4 - 4　典型区模拟结果精度评估

行政区	p_a	u_a	o_a
哈尔滨市(a)	70.00	36.84	57.50
赤峰市(b)	68.75	64.71	70.27
牟平县(c)	68.75	88.00	62.22
大同市(d)	84.62	61.11	80.00
太原市(e)	75.00	23.08	70.27
滕州市(f)	54.05	76.92	55.10
嘉兴市(g)	84.44	88.37	76.47
宁波市(h)	80.00	76.19	72.73
福州市(i)	70.00	53.85	73.17
广州市(j)	61.29	95.00	71.11
南宁市(k)	21.74	100.00	60.53
南昌市(l)	90.00	62.07	73.08
重庆市(m)	84.21	69.57	83.93
西宁市(n)	65.52	82.61	65.85
平均值	68.61	71.86	69.84

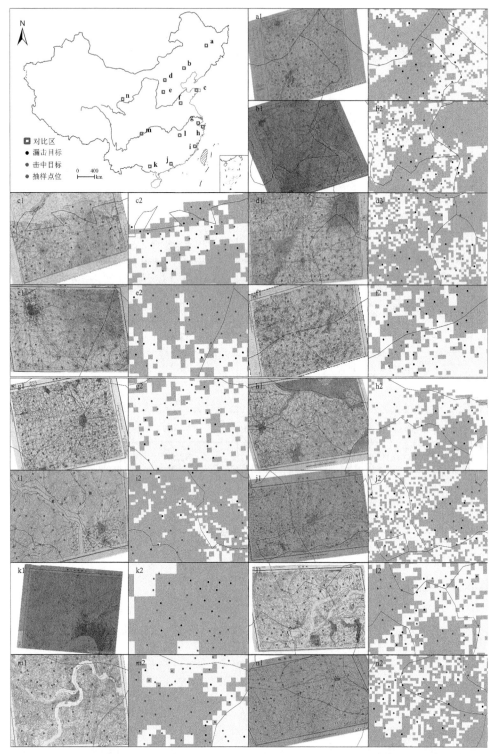

图 4-4 典型区历史地图 20 世纪 30 年代与模拟结果（1933）点对点评估结果

审图号：GS(2016)1549 号

通过点对点分析得出,在随机所选的 610 个抽样点中,在 20 世纪 30 年代的历史地图册中共有 309 个点为耕地,被模型模拟为耕地的点有 295 个,而被模型准确模拟为耕地和非耕地的点分别为 212 个和 214 个,可得区域生产者精度、使用者精度和总体精度的平均值分别为 68.61％、71.86％和 69.84％;这表明整体上所构建的模型有 68.61％准确模拟出 20 世纪 30 年代的真实耕地的空间位置,而有 69.84％模拟出 20 世纪 30 年代的土地利用格局(考虑耕地与非耕地)。分市县来看,模型在南昌市、大同市和重庆市等区域准确模拟真实耕地的能力较强,而在南宁市、滕州市和广州市等地较弱;除滕州市和哈尔滨市的总体精度低于 60％外,其余市县的模拟耕地和非耕地的精度都较高。总体而言,本研究构建的模型模拟精度较高,调试模型所用参数基本合理,可进行全域、多时段的耕地重建模拟。

4.4.2　重建结果

基于前述识别的土地耕作适宜因子回归参数,以及训练得到的离散参数,以典型历史断面分省(地区)耕地数量作为外生变量控制模型,得到 6 个时间断面下的近 300 年中国历史耕地空间格局重建结果,见图 4 - 5。

从图 4 - 5 看,本研究重建的近 300 年历史耕地集中分布在传统农区的华北平原、长江中下游平原、关中平原、四川盆地、洞庭湖平原、东部沿海滩涂区以及东南丘陵区,这部分区域温度适宜、水资源丰富、土壤肥沃、地势较为平坦,是我国农耕文明的发源地和主要集聚区,也是农业主垦区。从正向时间演替的角度可以看出,1661 年至 1952 年耕地数量显著增加,耕地的空间格局呈现出传统农业主垦区向东北、西南和西北地区逐渐扩散的趋势,同时传统农业主垦区内部的耕地垦殖率不断提升。

从清初至中华人民共和国成立后,中国总人口从 9182 万人持续增长到5.68 亿人,传统农业主垦区人口亦从 8532 万人增长到 4.99 亿人(潘倩等,2013),人口的不断增长带来了粮食需求的不断增大,传统农区经过多年的恢复性复垦和扩展性拓垦,其内部适宜垦殖的土地几乎垦殖殆尽(林珊珊等,2008),加之流民移垦和"闯关东"现象,清政府不得不对东北地区实施垦殖解禁,东北三省的耕地面积总体呈指数增长(叶瑜等,2009b)。据《黑龙江移民

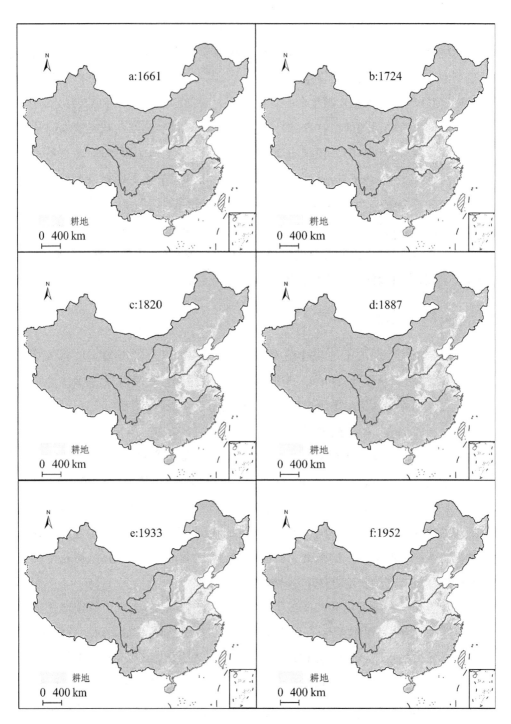

图 4-5 近 300 年中国历史耕地空间格局重建结果

审图号:GS(2016)1549 号

概要》,从 1796 年至 1820 年,流民沿着奉天至吉林官道北进后,一支从吉林和伯都纳沿着嫩江逐步垦殖到黑龙江西部;另一支从双城堡途经呼兰,沿着官道北上进入海伦、青冈、拜泉,或进入牡丹江流域,最后定居三江平原、黑龙江和乌苏里江沿岸(张丽娟等,2014),就东北地区重建的垦殖格局来看,与张丽娟等(2014)、叶瑜等(2009b)得出的垦殖过程基本一致。雍正时期推行的"摊丁入亩"政策将人丁税摊入地亩中征收,极大程度放松了对无地农民的垦殖束缚,促使人们能自由拓垦和异地垦殖,为西南农业种植提供了大量劳动力,在云南、四川和贵州等民族聚居区推行"改土归流"政策,进一步促进了民族大融合和汉民进入西南地区开垦耕地,因而重建的西南地区历史耕地以四川盆地为中心,而后向云贵高原不断扩展。自 1757 年收复北疆和平定准噶尔部后,清朝对新疆极力推行"移民实边、以边养边"的屯垦政策,至 1777 年新疆的屯垦面积已达 300 万亩;重建的新疆地区历史耕地向北沿着今乌鲁木齐、塔城和伊宁地区向西北拓展,向南沿着开都河、塔里木河沿岸扩张。

4.5　研究结果对比分析

为进一步探索重建结果与已有数据集的时空差异,可将重建结果与当前主流数据集进行对比分析。考虑到 SAGE(2010)数据集空间网格较粗(0.5°×0.5°),加之其采用的简单线性递增(递减)算法使其模拟的耕地数量及空间分布与实际偏差过大(何凡能等,2012);HYDE 3.1 数据集虽然具有基础数据来源广泛、网格分辨率较高(5′×5′)、时间断面较为丰富等特征,但数据以国家为单位、统一的参数设置和转换规则,使得其不符合中国历史耕地的实际扩展过程;CHCD 数据集(Lin et al.,2009)虽精度较高,但暂未发布空间重建结果。Li 等(2016)基于现代耕地格局,通过量化高程、坡度和气候最大潜在生产能力与耕地空间分布的关系,重建了清代以来中国 8 个时间断面下分辨率为 10 km×10 km 的比例型耕地格局;魏希文等(2016)利用重建的人口和耕地数据,选取土壤 pH、有机质和有效积温与湿润指数表征耕地适宜性指数,设计了一套分层分区的耕地网格化模型,重建了 1820 年和 1936 年中国 10 km×

10 km 的比例型历史耕地分布格局。本研究利用以上两位学者的数据作为对比数据集,对本书重建的耕地空间格局进行网格绝对误差与相对误差分析(李蓓蓓等, 2010; 何凡能等, 2012)。① 为便于分析,数据类型采用比例型的垦殖率表示,网格分辨率上推至 10 km×10 km(唐先明, 2000),结果见图 4-6。

　　对比本书重建结果与图 4-6 c1、c2 和 d1、d2,相对于 Li 等(2016)的重建结果而言,本书重建的耕地与其成果在总体趋势上较为一致,表现为传统农垦区是耕地的集中分布区,东北地区的耕地垦殖具有过程性和方向性。但就局部来看,本研究重建的耕地在四川盆地、洞庭湖平原、鄱阳湖平原、海河平原、辽河平原、三江平原相对集中,在此区域正误差表现明显,随着时间正向演替,四川盆地的正误差愈加突出,而山东丘陵区、长江中下游平原的正误差有所缩减,东北地区的正误差虽也有所减少,但随着垦殖范围的北推,正误差向辽河和嫩江北部扩散;而负误差主要集中在太行山以西、大别山以北的汉中盆地、关中平原和黄土高原以及南阳盆地周边。分析图 4-6 c3、c4 和 d3、d4 可知,本研究相对于魏希文等(2016)的重建结果表现出的正负误差空间分布整体格局与前述 Li 等(2016)基本一致;随着时间正向推移,正误差在四川盆地的北部、内蒙古中部、东北地区的辽河平原和松嫩平原表现更为突出;而负误差的空间分布范围在逐渐缩小,东南丘陵区的负误差逐渐演变为正误差。这种差异究其原因要归结于模型的基础假设,Li 等(2016)研究以现代耕地作为历史耕地空间的最大潜在分布范围,依据土地适宜性的高低进行耕地数量的"平铺",即现代耕地位置在历史时期也应分配耕地,而至于分配多少就由该地块所处的省域耕地总量和耕作适宜性值决定;而魏希文等(2016)的基础假设在 Li 等(2016)的基础上进行了深化,认为地块应当分配的耕地数量是由该地区的人口、省域耕地总量和耕作适宜性值综合决定的。由于耕地开垦受政策和人文因子驱动,利用耕作适宜性值的高低配置耕地数量的思路并不适合耕地开垦具有过程性和方向性的东北、西南和西北地区,其他两位的研究成果与本书在这些地区的差异也能被理解。

———————

① 绝对误差:$E_a = X_{Hi} - X_{Ci}$;相对误差:$E_r = Ea/X_{Ci}$;E_a 为绝对误差值,E_r 为相对误差值;X_{Ci} 为本研究第 i 时间断面重建的数据集;X_{Hi} 为第 i 时间断面的对比数据集。

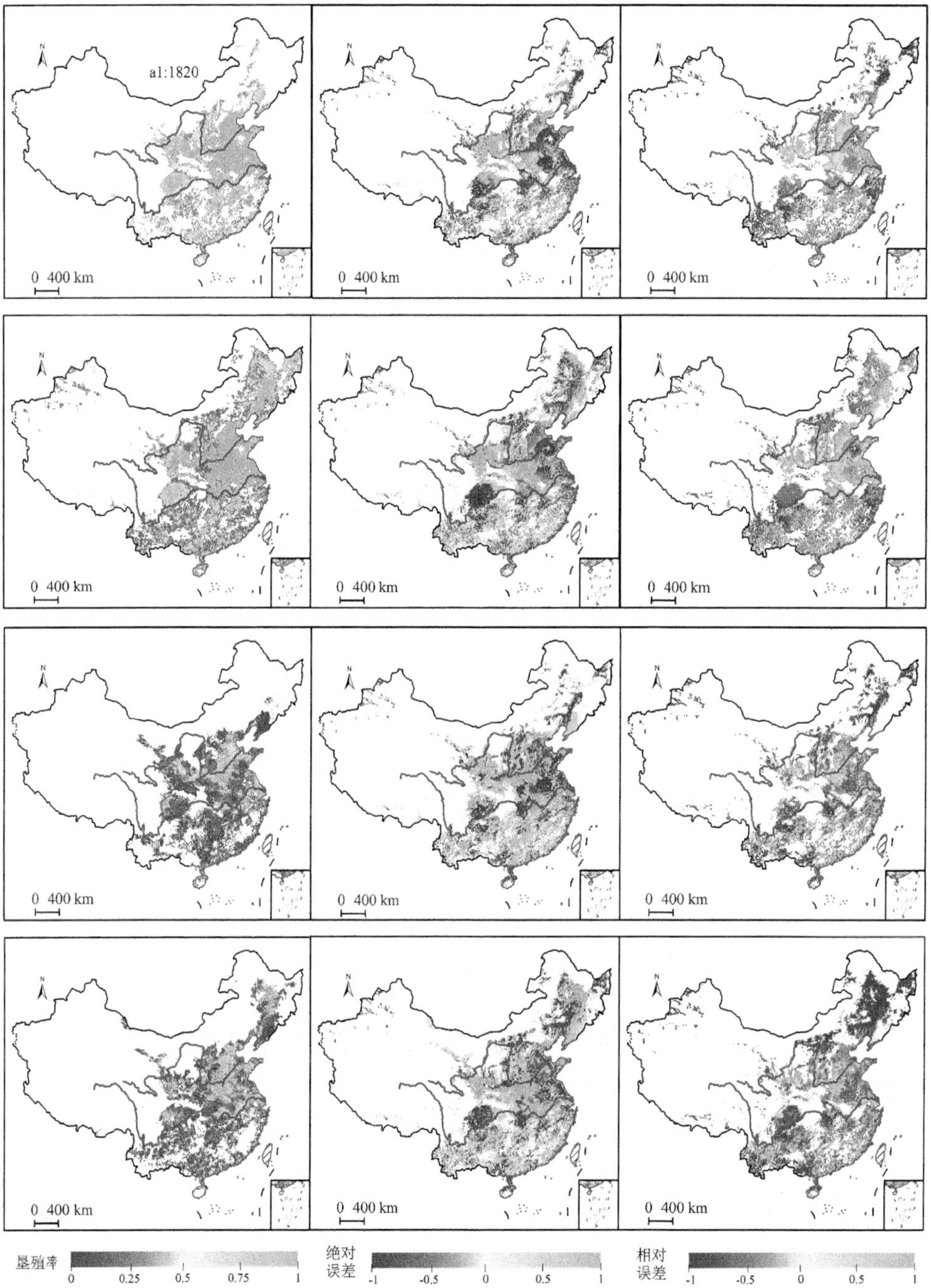

图 4 - 6　本书研究成果与已有研究成果的绝对误差(c)、相对误差(d)分析

注：a 为 Li 等(2015)的成果；b 为魏希文等(2016)的成果。

审图号：GS(2016)1549 号

4.6 小 结

本章以近 300 年中国历史耕地空间重建为研究对象,利用已有学者修订的历史耕地数据,在 1980 年现代耕地空间格局和历史耕地数量控制下,选择高程、坡度、水源可达性、多年平均降水量、距村镇居民点距离和土壤肥力作为耕地垦殖适宜性的表征因子,以 1820 年和 1933 年历史人口数量作为模型修正因子,利用 Logistic 二值回归方法拟合出各演化分区的转化参数后,构建了一套分区同步的约束性 CA 模型,重建了近 300 年来中国 6 个典型历史断面下 1 km×1 km 网格化耕地空间格局。结果表明:

第一,引入分区同步的建模思想,在演化规律各异的大尺度空间格局模拟时,划分多个同步演化分区,选择耕地空间格局影响因子,甄别各因子的影响权重,在对各分区参数进行训练后形成一套转化参数体系,体现了由不同空间差异引致的演化规律的空间异质性和演化速率的空间差异性。

第二,将已有学者的历史耕地修正数据作为外生变量嵌入模型中,通过分区数量控制规则约束模型重建耕地规模,保证了重建的耕地数量与已有学者研究成果的一致性。

第三,以历史人口数量作为校验指标,对模型参数进行调试,使其具有准确模拟历史耕地空间格局的能力;点对点的精度评估表明,选取的 14 个样本区共计 610 个样本点的总体模拟精度高达 69.84%,重建结果合理可靠。

第四,与已有数据集进行绝对与相对误差对比表明,本书重建的耕地与其他学者的成果在总体趋势上较为一致,表现为传统农区是耕地的集中分布区,农业主垦区逐渐向东北三省、西南云贵地区和西北甘宁地区转移,同时传统农业主垦区内部耕地垦殖率不断上升。

参考文献

[1] Fuchs R，Herold M，Verburg P H，et al. A high-resolution and harmonized model approach for reconstructing and analyzing historic land changes in Europe[J]. Biogeosciences Discussions，2012，9(3).

[2] Li S，He F，Zhang X. A spatially explicit reconstruction of cropland cover in China from 1661 to 1996[J]. Regional Environmental Change，2016，16(2).

[3] Lin S，Zheng J，He F，et al. Gridding cropland data reconstruction over the agricultural region of China in 1820[J]. Journal of Geographical Sciences，2009，19(1).

[4] Wu F. SimLand：A prototype to simulate land conversion through the integrated GIS and CA with AHP-derived transition rules [J]. International Journal of Geographical Information Science，1998，12(1).

[5] 曹雪，金晓斌，周寅康. 清代耕地数据恢复重建方法与实证研究[J]. 地理学报，2013，68(2).

[6] 封志明，刘宝勤，杨艳昭. 中国耕地资源数量变化的趋势分析与数据重建1949—2003[J]. 自然资源学报，2005，20(1).

[7] 葛全胜，戴君虎，何凡能，等. 过去 300 年中国部分省区耕地资源数量变化及驱动因素分析[J]. 自然科学进展，2003，13(8).

[8] 葛全胜，戴君虎，何凡能，等. 过去 300 年中国土地利用、土地覆被变化与碳循环研究[J]. 中国科学：地球科学，2008，38(2).

[9] 葛全胜，戴君虎. 20 世纪前、中期中国农林土地利用变化及驱动因素分析[J]. 中国科学 D 辑：地球科学，2005，35(1).

[10] 何凡能，李士成，张学珍，等. 中国传统农区过去 300 年耕地重建结果的对比分析[J]. 地理学报，2012，67(9).

[11] 何凡能, 田砚宇, 葛全胜. 清代关中地区土地垦殖时空特征分析[J]. 地理研究, 2003, 22(6).

[12] 焦利民, 刘耀林. 土地适宜性评价的模糊神经网络模型[J]. 武汉大学学报: 信息科学版, 2004, 29(6).

[13] 颉耀文, 王学强, 汪桂生, 等. 基于网格化模型的黑河流域中游历史时期耕地分布模拟[J]. 地球科学进展, 2013, 28(1).

[14] 黎夏, 叶嘉安. 基于神经网络的元胞自动机及模拟复杂土地利用系统[J]. 地理研究, 2005, 24(1).

[15] 黎夏, 叶嘉安. 约束性单元自动演化 CA 模型及可持续城市发展形态的模拟[J]. 地理学报, 1999, 54(04).

[16] 李蓓蓓, 方修琦, 叶瑜, 等. 全球土地利用数据集精度的区域评估: 以中国东北地区为例[J]. 中国科学 D 辑: 地球科学, 2010, 40(08).

[17] 李柯, 何凡能, 张学珍. 基于 MODIS 数据网格化重建历史耕地空间分布的方法: 以清代云南省为例[J]. 地理研究, 2011, 30(12).

[18] 李士成, 何凡能, 陈屹松. 清代西南地区耕地空间格局网格化重建[J]. 地理科学进展, 2012, 31(9).

[19] 林珊珊, 郑景云, 何凡能. 中国传统农区历史耕地数据网格化方法[J]. 地理学报, 2008, 63(1).

[20] 刘明皓, 戴志中, 邱道持, 等. 山区农村居民点分布的影响因素分析与布局优化: 以彭水县保家镇为例[J]. 经济地理, 2011, 31(3).

[21] 刘小平, 黎夏, 叶嘉安. 基于多智能体系统的空间决策行为及土地利用格局演变的模拟[J]. 中国科学 D 辑: 地球科学, 2006, 36(11).

[22] 刘耀林, 刘艳芳, 夏早发. 模糊综合评判在土地适宜性评价中应用研究[J]. 武汉测绘科技大学学报, 1995, 20(1).

[23] 龙瀛, 韩昊英, 毛其智. 利用约束性 CA 制定城市增长边界[J]. 地理学报, 2009, 64(8).

[24] 龙瀛, 沈振江, 毛其智, 等. 基于约束性 CA 方法的北京城市形态情景分析[J]. 地理学报, 2010, 65(006).

[25] 唐先明. 地理空间数据融合研究及其应用[D]. 北京: 中国科学院地理科

学与资源研究所，2000.

[26] 魏希文，缪丽娟，江源，等. 基于分层分区法的中国历史耕地数据的网格化重建[J]. 地理学报，2016，71(7).

[27] 叶瑜，方修琦，任玉玉，等. 东北地区过去 300 年耕地覆盖变化[J]. 中国科学 D 辑：地球科学，2009，39(3).

[28] 张国平，刘纪远，张增祥. 近 10 年来中国耕地资源的时空变化分析[J]. 地理学报，2003，58(3).

[29] 张鸿辉，曾永年，金晓斌，等. 多智能体城市土地扩张模型及其应用[J]. 地理学报，2008，63(8).

[30] 张丽娟，姜蓝齐，张学珍，等. 19 世纪末黑龙江省的耕地覆盖重建[J]. 地理学报，2014，69(4).

[31] 周荣. 清代前期耕地面积的综合考察和重新估算[J]. 江汉论坛，2001(9).

[32] 朱枫，崔雪锋，缪丽娟. 中国历史时期土地利用数据集的重建方法述评[J]. 地理科学进展，2012，31(12).

第 5 章　近 300 年来中国林地空间格局重建

　　由于林地并不作为纳税的主要来源,国内外史料中关于林地面积缺乏与耕地、人口类似的系统记录(朱枫等,2012),使得当前历史土地利用空间格局重建更多地集中在耕地、草地上(Goldewijk K,1997,2001;Ramankutty,1999)。作为主要的碳汇,单位面积上的林地所含的碳储量高出耕地、草地等开放生态系统的 2~4 倍(Houghton,1983),因此,为能够更准确地评估土地利用变化对生态系统碳循环的影响,重建较高时空尺度的历史林地规模和空间格局迫在眉睫(朱枫等,2012;杨绪红等,2016)。

　　国内外在全球和区域性的历史林地规模与空间重建上取得了十足进展。国际上,Kaplan 等(2009)以人口为替代因子,通过农林互动关系恢复了欧洲工业化以前 1000 年、空间分辨率为 $5' \times 5'$ 的网格化林地数据;Steyaert 等(2008)以分县森林统计资料为数量控制因子,结合土地覆被、潜在植被和土壤数据,生成了美国东部地区 1650 年、1850 年、1920 年和 1992 年 20 km 空间分辨率的土地覆被网格化产品。在数量重建上,中国学者凌大燮(1983)、文焕然和何业恒(1979)、史念海(1991)、樊宝敏和董源(2001)、马忠良等(1997)、陈嵘(1951)基于历史文献和近代统计资料对中国全域历史森林规模或覆盖率进行了定性与定量研究;何凡能等(2007)以清代史料为基础,结合现代清查统计资料和前人研究成果,通过对林地变迁和人口变化趋势的把握,较为全面地重建了 1700 年以来时间尺度为 50 年的分省林地数据集;叶瑜等(2009a)基于历史文献分析、原始潜在植被恢复和驱动力分析,重建了过去 300 年东北地区分县林草地覆盖规模。在空间重建方面,国内学者 Liu 和 Tian(2010)及 Tian 等(2014)分别生成了中国和印度的历史耕地、林地和建设用地空间格局;李士成等(2014)、何凡能等(2014)提出耕林地互动关系和

历史森林空间格局不超过潜在自然森林植被外围边界的基本假设,分别重建
了东北三省和西南三省近 300 年来 10 km 空间分辨率的森林空间格局;之
后,He 等(2014,2015)基于前述的方法进一步网格化了 1700 年以来时间分
辨率为 20 年、空间分辨率为 10 km 的中国西南地区和全域森林空间格局。

上述林地网格化成果不仅为气候和生态环境效应建模提供了基础参数
支持,同时对后续研究提供了方法借鉴。然而,Liu 和 Tian(2010)基于历史时
期林地空间格局与现代遥感观测到的林地保持一致的基本假设,使得历史林
地重建结果与现代林地空间格局完全一致而仅在网格的林地比例上存在差
异,重建结果不符合中国历史林地的实际变化格局;He 等(2015)依据土地垦
殖适宜性构建的林地面积网格化分配模型在跨行政区时会产生林地数量跳
跃、断层现象,此外,在重建时段内远离耕作区、居住区、交通沿线等偏僻林区
的网格化林地数量发生显著变化,与历史林地的实际情况存在较大差异。

综合以上认识,本研究拟以近 300 年来中国历史林地空间重建为研究对
象,基于潜在自然植被和现代遥感手段观测到的有林地构建土地垦殖前历史
林地潜在分布最大范围,综合考虑行为主体垦殖历史潜在林地用作农业耕
作、砍伐林木用作木薪和木料等行为特征,构建中国历史林地空间重建模型,
以重建的历史林地规模作为数量控制变量,重建近 300 年来中国 6 个时点
1 km×1 km 空间分辨率下布尔型的历史林地空间分布格局。

5.1 历史林地重建模型总体思路

在人类土地垦殖之前,陆地表层保持特定自然、气候环境条件下的潜在
自然植被状态。而潜在林地植被的破坏和地类转换是自然环境因子与人类
土地利用活动共同作用的结果(赵冈,1996;何凡能等,2014),在自然地质条
件和气候环境不发生重大变化以及天然林火不频发的前提下,人类的大规模
林地开垦、伐木、采集薪材等土地利用活动将会显著地改变森林植被覆盖,特
别是开垦林地作为耕地和其他农用地以获取农产品的行为严重破坏了林地
植被的再生及恢复能力,改变了地表原生植被状态,使其成为历史上中国森

林不断减少的主要驱动力(李士成等,2014)。作为"理性人"的行为主体,具有趋利避害的行为特点,其土地利用活动遵循"先优后劣""先易后难"以及"先近后远"等原则,地势平坦、土壤肥沃、水源便利的区域将会被优先垦殖用于种植粮食和经济作物,森林资源丰富、运输便利、木材市场需求量大的区域林木将被优先砍伐。

　　基于以上认识提出本研究的历史林地空间化重建模型的总体思路:基于潜在自然植被和现代遥感手段观测到的有林地生成土地垦殖前历史林地潜在分布最大范围,综合考虑行为主体垦殖历史潜在林地用作耕地和农用地、砍伐林木用作薪炭和建筑用材导致的历史潜在林地增减变化,对潜在林地被垦殖和植被被砍伐的可能概率进行评估,依据地类转换可能概率高的地方潜在林地被优先破坏而不断缩减土地垦殖前历史林地潜在分布最大范围,直至缩减后的林地规模等于通过历史文献修订后的林地规模时输出模拟结果,进而重建近 300 年来中国 6 个时点 1 km×1 km 空间分辨率下布尔型的历史林地空间分布格局(思路见图 5-1)。

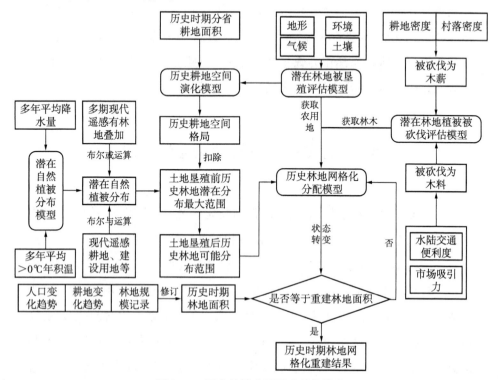

图 5-1　历史林地空间重建总体思路

5.2　历史林地空间格局重建模型

5.2.1　历史林地潜在分布最大范围

为了将重建的省级尺度林地统计数据分配到具有空间属性的网格上,首要任务是研制历史林地潜在分布的最大范围。

5.2.1.1　潜在自然植被

潜在自然植被是在没有人为扰动、在现有的自然环境条件下,立地所能达到的一种平衡的自然植被演替终态(刘华民等,2004;李飞等,2008)。运用潜在自然植被探索在人类土地垦殖活动以前的立地自然植被是比较常见的思路(He et al.,2015;李士成等,2014;Ye et al.,2011)。目前,已有Brzeiecki 等(1993)和 Guisan 等(1998)模拟了瑞士山区的森林群落空间分布;Ramankutty 等(1999)重建了全球潜在植被空间分布,但由于研究尺度和空间网格单元较大,数据运用于中国区域时存在较大不确定性。中国学者任继周于 2004 年基于国内植被发生学原理系统地提出了气候—土地—植被综合顺序分类法理论(任继周,2004),将湿润度指标量化为 6 个等级,热量指标量化为 7 个等级,6 个湿润度和 7 个热量级共同组成了 42 种潜在自然植被类别,简化了评价指标体系,在只需降水和气温两个指标的前提下就能获得高精度的潜在自然植被分布模拟图。本研究借助任-胡湿润度模型(见式 5-1),对多年平均降水量数据和多年平均>0℃年积温数据进行空间叠置分析,生成了 1 km×1 km 空间分辨率下的潜在自然植被空间分布格局。

$$K = R/0.1\sum\theta \qquad\qquad (5-1)$$

式中:K 为湿润度;R 为多年平均降水量;$\sum\theta$ 为多年平均>0℃年积温数据。

5.2.1.2　历史林地潜在分布最大范围

鉴于现代遥感影像观测到的大规模林地分布区域在历史时期也大多分

布着林地,尤其是各大山脉和森林保护区(如大小兴安岭、神农架),由此假设现代遥感有林地分布范围可作为历史林地的可能分布范围之一。此外,现代大部分的耕作和居住区域是通过砍伐森林、侵占潜在林地植被扩展而来的,因此存在遥感影像上观测到的非林地分布区在历史时期也可能分布着林地。基于以上分析和现代遥感影像的可获得性,参考何凡能等(2014)成果,本研究构建了历史林地潜在分布最大范围的研究思路:将刘纪远等(2014)生产的多期遥感有林地数据(1980 年、1995 年、2000 年和 2010 年)进行布尔或运算求并集,视为现代有林地分布区在历史上也可能为林地的分布区域;而后,将其中受人类土地垦殖活动干扰已转变为非有林地的灌木林地、疏林地、耕地和建设用地与潜在自然植被进行布尔与运算,逐个网格判读,如果上述地类落入潜在自然林地植被中,则该网格可替换为有林地,最后将现代观测到的遥感有林地网格与非林地替换为林地的网格进行布尔或运算求并集,获得在未遭受人类土地垦殖和干扰以前的历史林地潜在分布最大范围,见图 5-2。

5.2.2 潜在林地转化模型

5.2.2.1 潜在林地被垦殖评估模型

为了获取生活和生产资料,行为主体一般优先垦殖地势平坦、土壤肥沃的土地,只有当人口压力不断增长,对农产品的需求不断增大时,人们才会逐次垦殖地势较高、坡度较大、肥力较低的土地,那些距离居住区较近、交通便利、耕作适宜性程度高的潜在林地植被将被优先垦殖为耕地或农用地。因此,在重建历史林地空间格局时,可通过构建土地宜垦性评价体系表征林地被垦殖为耕地、农用地的可能概率,即宜垦程度高的潜在林地植被将优先被人类垦殖利用,而宜垦程度低的地块将继续保持其原始植被类型。参考 Yang 等(2015a,2016)和 Long 等 (2014)等的研究,选取了表征自然因素的高程、坡度、距河流距离、多年平均降水量、土壤肥力以及表征社会经济因素的距村镇居民点距离作为土地宜垦性的主要影响因子,土地宜垦性采用多因子综合加权叠加法计算,见式 5-2、5-3。

$$S_{ij}^t = a + \gamma_1 \times Elevation_j + \gamma_2 \times Slope_j + \gamma_3 \times River_j + \gamma_4 \times Precipitation_j + \gamma_5 \times Settlement_j + \gamma_6 \times Quality_j \tag{5-2}$$

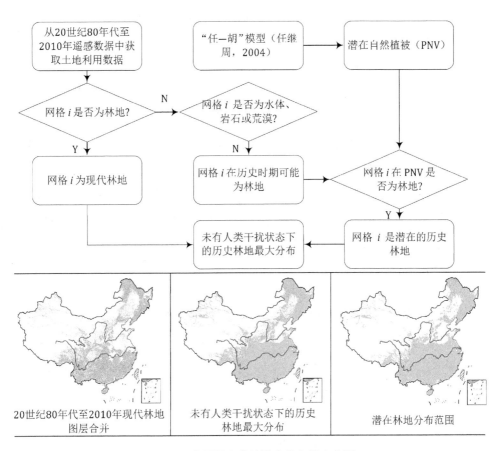

图 5 - 2　中国历史林地潜在分布最大范围

审图号:GS(2016)1549 号

$$P\_Rec_{ij}^{t} = \frac{1}{1 + e^{-s_{ij}^{t}}} \tag{5-3}$$

式中:第 j 分区土地适宜度(S_{ij}^{t})通过多因子综合法计算,采用 Logistic 回归分析方法获取 a、$\gamma_1 \sim \gamma_6$ 的参数值。式中的 $P\_Rec_{ij}^{t}$ 为土地适宜度的贡献概率,a、$\gamma_1 \sim \gamma_6$ 分别为常数项、高程、坡度、水源可达性、多年平均降水量、距村镇居民点距离和土壤肥力的回归参数,具体方法见 Yang 等(2016)。

5.2.2.2　潜在林地植被砍伐评估模型

石油、煤和天然气等常规能源和水泥、钢材等高强度建筑材料在近现代才被大规模应用,在历史时期的农业社会,受生产力水平限制,林木因其具有采伐方便、易储存、热值高、韧性好等特点,故而成为日常薪材和建筑用料的最主要来源(樊宝敏,2001)。以下考虑潜在林地植被被砍伐为木薪和建筑木材的可能概率。

(1) 被砍伐为木薪

日常木薪、木炭燃料的收集受劳动能力和工作辐射半径的限制,木薪收集者在考虑投入产出效益后不会跳跃性地远离耕作区域、居住地进行大规模的林木收集工作,而只会在其耕作区域和居住地的周边进行木薪采集,由此可采用周边区域耕地和村镇密度的高低表征林木被砍伐为木薪的可能概率,即评价单元周边的耕地和村镇密度愈高时,历史潜在林地上的林木植被愈有可能被砍伐为木薪。采用 j 分区内 t 时刻 i 评价单元周边 $n \times n$ 邻域内历史耕地数量($crop_{ij}^t$)和历史村落数量($rural_{ij}^t$)表征潜在林地被砍伐为木薪的可能概率($Firewood_{ij}^t$),见式 5-4:

$$Firewood_{ij}^t = \left(\beta_1 \sum_{i=1}^{n*n-1} crop_{ij}^t + \beta_2 \sum_{i=1}^{n*n-1} rural_{ij}^t\right) / (n*n - 1) \quad (5-4)$$

式中:β_1 和 β_2 分别为历史耕地和村镇数量的权重,各取 0.5;计算过程中邻域采用扩展的 Moore 邻域($n \times n$),考虑到 1 小时的正常徒步距离,此处 n 取 5。

(2) 被砍伐为木料

居民为获取门窗、梁、柱、家具等木质用材,必须砍伐大量的优质森林。清朝以来,人口的不断膨胀和经济社会的快速发展加剧了对木材的需求量,大量优质森林被砍伐殆尽。而此类用材大都生长在深山老林,远离市场需求端,由此木材的交易严重地依赖于陆路和水路运输以及交易市场。交通愈便利、交易市场需求量愈大、林木资源愈丰富的地区,森林被砍伐为木材的可能概率愈大。本研究中采用历史时期的道路和水路通达性表征交通便捷程度($Transport_{ij}$),利用距不同行政等级的历史治所的空间距离表征市场的吸引力($Market_{ij}$),其空间量化参数采用反距离指数衰减方法加权求和获取,见下列各式:

$$Transport_{ij} = \delta_1 e^{-f_{1j}g_{1j}} + \delta_2 e^{-f_{2j}g_{2j}} \quad (5-5)$$

$$Market_{ij} = \omega_1 e^{-h_{1j}k_{1j}} + \omega_2 e^{-h_{2j}k_{2j}} + \omega_3 e^{-h_{3j}k_{3j}} + \omega_4 e^{-h_{4j}k_{4j}} \quad (5-6)$$

$$Lumber_{ij}^t = \varepsilon_1 Transport_{ij} + \varepsilon_2 Market_{ij} \quad (5-7)$$

式中:$Transport_{ij}$、$Market_{ij}$ 和 $Lumber_{ij}^t$ 分别表征 j 分区 i 地块单元的交

通通达性、市场吸引力和潜在林地植被被砍伐为木材的可能概率;f_1、f_2分别表征距离道路和水路的欧氏距离,g_1、g_2分别为其空间影响衰减系数,其值根据影响距离确定;δ_1、δ_2分别为其影响权重,各取 0.5;h_1、h_2、h_3、h_4分别表征距离京城、省城、府城和县城的欧氏距离,k_1、k_2、k_3、k_4分别为其空间影响衰减系数;ω_1、ω_2、ω_3、ω_4分别为其影响权重,按其行政等级分别取 0.2,0.2,0.25,0.35;ε_1、ε_2分别为交通通达性和市场吸引力的影响权重,此处认为两者等值,各取 0.5。

(3) 潜在林地植被被砍伐的区位效用

区域的林木资源丰富程度将显著地影响行为主体对砍伐区域的选址决策,森林密度高的区域将优先被行为主体视为获取木薪、木材的砍伐区域,参考 Yang 等(2016)的研究,此处将评价单元周边潜在林地密度作为空间变量纳入行为主体选址决策过程中,见式 5 - 8:

$$Forest_{ij}^t = \sum_{i=1}^{m*m-1} Potential_{ij}^t/(m*m-1) \tag{5-8}$$

式中:$Forest_{ij}^t$为 t 时刻 j 分区潜在林地地块单元 i 周边潜在林地密度,该值愈大表征该评价单位 i 转化为非林地的可能性愈大;$Potential_{ij}^t$为 t 时刻 j 分区内 i 评价单元周边 $m \times m$ 邻域内潜在林地数据;计算过程中邻域采用扩展的 Moore 邻域($m \times m$),考虑到 1 小时的正常徒步距离,此处 m 取 5。

出于获取柴薪、木材的目的,行为主体综合权衡砍伐的便利性、交通的通达性、市场的临近性和林木资源的丰富程度后,将根据 t 时刻潜在林地地块单元 i 的区位效用的高低砍伐森林。根据前述分析,在不考虑其他用途的情况下,潜在林地植被被砍伐的综合概率可用被砍伐为木薪和被砍伐为木料予以表征,参考 McFadden(1974)的研究,t 时刻潜在林地地块单元 i 的林木最终被砍伐殆尽的区位效用可表达为下列两式:

$$CutWood_{ij}^t = \nu_1 Firewood_{ij}^t + \nu_2 Lumber_{ij}^t + \nu_3 Forest_{ij}^t \tag{5-9}$$

$$P\_cut_{ij}^t = \exp(CutWood_{ij}^t)/\sum \exp(CutWood_{ij}^t) \tag{5-10}$$

式中:$P\_cut_{ij}^t$为 t 时刻 j 分区潜在林地地块单元 i 的林木最终被砍伐殆尽的区位效用;$CutWood_{ij}^t$为潜在林地植被被砍伐的综合概率;$Firewood_{ij}^t$、$Lumber_{ij}^t$、$Forest_{ij}^t$同上式,ν_1、ν_2、ν_3分别为其影响权重。

5.2.2.3 林地被破坏的其他情况

不同历史时期的战争、农业政策、森林火灾、虫灾和地质灾害等人文和自然因子会对潜在林地造成大面积的破坏。由于这方面的资料相对匮乏、具有不确定性且难以空间量化,此处通过引入空间随机变量函数 $Rand_{ij}^t()$ 表征 t 时刻第 j 分区潜在林地单元 i 受难以量化的人文和自然因子影响而转化为非林地的概率($P\_Difquan_{ij}^t$),见式 5-11:

$$P\_Difquan_{ij}^t = Rand_{ij}^t(\quad) \qquad (5-11)$$

式中:$Rand_{ij}^t$ 变量在循环迭代时由模型随机生成一个介于 $0\sim1$ 的随机值,且 t 时刻第 j 分区潜在林地单元 i 的值各异。

5.2.2.4 历史林地空间演化准则

历史林地的空间演化是行为主体根据自身和家庭对粮食、农副产品、木薪和木材的需求,考虑土地的宜垦性、砍伐木薪和木材的难易程度、市场吸引力和林木资源的丰富程度而作出最终综合决策的结果。根据前述各因素的空间准则,参考 Yange 等(2015a)、张鸿辉等(2008)研究,采用离散选择模型将历史林地空间演化的决策准则表征为下式:

$$P_{ij}^t = \exp\left[\pi\left(\frac{R_{ij}^t}{R_{g\max,j}^t} - 1\right)\right] \qquad (5-12)$$

$$State_{ij}^{t-1} = \begin{cases} 0 & \text{if} \quad P_{ij}^t > Threshold_j^t \text{ or } State = \text{water} \\ 1 & \text{Else} \end{cases} \qquad (5-13)$$

式中:P_{ij}^t 为 t 时刻第 j 分区潜在林地单元 i 转化为非林地的最终概率,其值越大表明潜在林地单元 i 转化为非林地的可能性越大;$R_{g\max,j}^t$ 为第 j 分区 t 时刻参与运算的地块单元所组成的潜在林地地块集合中的最大值;π 为离散参数,取值为 $1\sim10$;$State_{ij}^{t-1}$ 表征第 j 分区 t 时刻参与运算的潜在林地单元 i 在 $t-1$ 时刻的状态,1 和 0 分别表征保持林地和非林地;$Threshold_j^t$ 为第 j 分区状态转化阈值,由于潜在林地的破坏具有非线性和波动性,因此在每次循环迭代时逐步加大其值,具体见式 5-14;R_{ij}^t 表征为第 j 分区潜在林地单元 i 受土地耕作适宜度、被砍伐的区位效用和不确定性因素综合作用下转化为非林地的潜在概率,其计算模型见式 5-15:

$$Threshold_j^t = Threshold_j^{t+1} + \theta \qquad (5-14)$$

$$R_{ij}^t = \xi_1 \times P\_Rec_{ij}^t + \xi_2 \times P\_Cut_{ij}^t + \xi_3 \times P\_Difquan_{ij}^t \quad (5-15)$$

式中：$Threshold_j^{t+1}$ 表征第 j 分区 $t+1$ 时刻的状态转化阈值；θ 为阈值的增加常量；$P\_Rec_{ij}^t$、$P\_cut_{ij}^t$ 和 $P\_Difquan_{ij}^t$ 含义如前所述；ξ_1、ξ_2 和 ξ_3 分别为第 j 分区 $P\_Rec_{ij}^t$、$P\_cut_{ij}^t$ 和 $P\_Difquan_{ij}^t$ 的权重参数。

5.3　历史林地空间格局重建

5.3.1　模型校验

为验证模型的合理性和调试模型参数，需对模型重建结果进行有效性检验。鉴于缺乏可用的历史林地数据和图件，本研究采用间接对比法验证，即用构建的模型模拟 2000 年的有林地空间分布范围，而后与同时期的遥感有林地数据（刘纪远等，2014）进行网格尺度（采用空间分辨率 10 km×10 km，比例型数据）的绝对误差分析，见图 5-3。

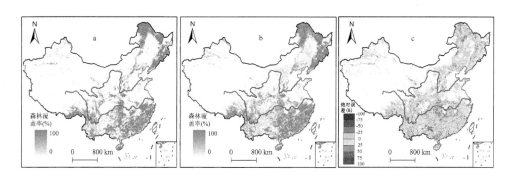

图 5-3　模型重建（a）与遥感获取（b）的 2000 年林地及其绝对误差（c，c＝a－b）空间分布
审图号：GS(2016)1549 号

对重建结果的绝对误差进行分级统计（表 5-1），结果表明：绝对误差介于－25％～25％和－50％～50％的网格占比分别高达 78.5％、95.85％，两者的网格尺度差异不显著，重建模型生成的 2000 年林地（图 5-3a）与遥感获取的有林地（图 5-3b）空间分布格局基本一致。绝对误差＞50％和＜－50％的网格占比仅为4.15％，重建结果显著偏高的网格主要集中在各大山脉的主峰周边,如大兴安岭的太平岭、小兴安岭的凤水山、长白山天池、秦岭的太白山和华山、大巴山的神农顶、苗岭的雷公山、霍拉山等处;而显著偏低的网格分布在广西盆地东南侧、四川盆地东侧、洞庭湖周边,且随着绝对误差的增高,网格占比也迅速降低,由此可说明本研究构建的重建模型具有较高的可信度。

表 5 - 1　模型重建结果与遥感数据(2000 年)的绝对误差分级

绝对误差/%	−100∼ −75	−75∼ −50	−50∼ −25	−25∼ 0	0∼25	25∼50	50∼75	75∼100
网格比例/%	0.04	0.55	7.55	49.56	29.94	8.81	2.88	0.68

5.3.2　重建结果

将修正后的历史林地数量作为循环终止判断变量代入历史林地空间重建模型,最终通过模型循环迭代运算生成 6 个时间断面下的近 300 年中国历史林地空间格局,见图 5 - 4。

由图 5 - 4 知,重建的历史时期中国林地重点分布在东北地区的大小兴安岭和长白山、西南地区的横断山脉和大巴山以及东南丘陵区的武夷山、大别山和雪峰山等处,而位于高寒、缺水的新疆和青藏高原地区以及农业种植历史较为悠久、农业垦殖程度较高的华北平原林地分布较少,重建的林地总体空间格局符合我国各地方志中记载的东北和西南地区森林茂密、古木荫森的记载。从空间变化格局而言,东北地区的辽河平原、松嫩平原、三江平原和西南地区的四川盆地、云贵高原的林地变化十分显著,呈逐渐减少的趋势,其余地区变化不太明显,这种变化格局符合近 300 年来我国农业开垦向东北和西南地区逐渐推进的客观事实。

史料记载,为了防止汉人私垦土地和偷挖人参,康熙七年(1668 年)清政府开始对东北地区实施封禁,在此后的 200 年间,除辽河流域和辽西地区有零星农业分布外,东北地区到处一片荒芜,吉林和黑龙江地区几乎处于原始状态,故森林得到了较好的保护(叶瑜等,2009a;李为等,2005);自 1860 年,迫于巨大的人口压力和连年灾荒,清政府对东北地区开始实施"开禁"政策,大批汉民沿辽西走廊由南向北进入这片广袤之地毁林开荒,大小兴安岭、长白

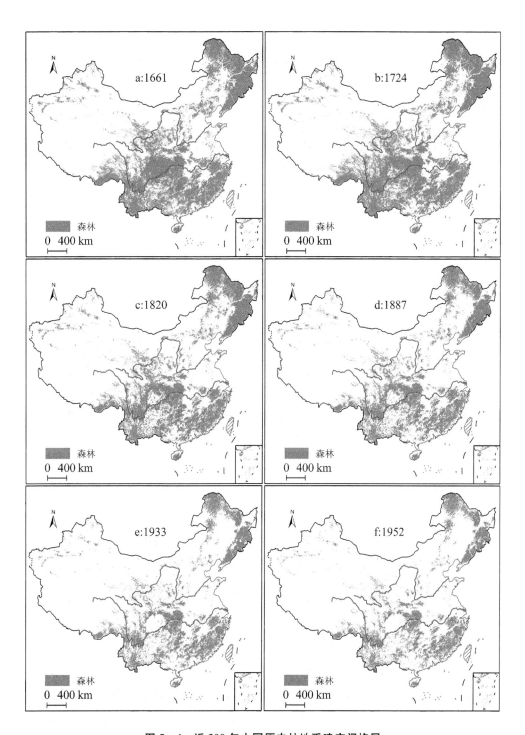

图 5 - 4　近 300 年中国历史林地重建空间格局

审图号：GS(2016)1549 号

山、松花江流域的林地遭到严重破坏,林地的空间分布范围迅速缩小(张丽娟等,2014)。除高海拔山头和高寒地带外,历史初期的西南地区森林覆盖率十分高(林宏荣,1986;刘德隅,1995),至明末清初,战乱造成西南地区人口大量锐减,土地弃垦(李士成等,2012),森林覆盖率高达 54.7%(何凡能等,2014),雍正时期推行的"摊丁入亩"和"改土归流"政策放松了对无地农民的垦殖束缚,促使流民向西南地区大规模地拓垦和伐木取薪,加之人口的持续增长、粮食供给压力加大和引入耐旱的玉米、甘薯等作物(曹雪等,2013),土地垦殖向山头林间拓展;此外,采办"皇木"、矿业开发进一步导致森林破坏,四川盆地和云贵高原河谷地带的森林迅速减少(陈季君,2008;袁轶峰,2010)。

5.4 研究结果对比分析

为进一步探索重建结果与已有数据集的时空差异,可将重建结果与已有研究成果进行对比分析。Ye 和 Fang(2011)结合文献析出、原始潜在植被恢复和驱动力分析,重建了近 300 年东北地区县级尺度的林草地自然覆被变化状况;He 等(2015)以省级林地数量为控制因子,构建了以土地宜垦性为权重的历史林地网格化重建模型,重建了 1700 年以来每隔 20 年 10 km×10 km 空间分辨率的中国历史林地空间格局,两者在林地规模和空间格局方面具有代表性。本研究将重建结果分别与上述成果就区域和全国层面进行对比。

以 Ye 等(2011)的重建时点和行政界线为基准,将本研究临近时点的重建结果分别按县域行政单元统计其林地比例并五等分,然后将本研究重建的分县林地比例等级与 Ye 等(2011)的成果做差,结果见图 5-5 和表 5-2。

可知,除松嫩平原和辽河平原东侧以及辽西走廊外,本研究与 Ye 等(2011)的重建结果在时空尺度上林地覆盖高、低等级区分布耦合性较好,变化过程较为一致;两者的林地覆盖高等级区集中分布在伊勒呼里山、小兴安岭、张广才岭、老爷岭、长白山和千山等地区,而低等级区主要分布在三江平原、东北平原和辽河平原。林地等级无差异(Ⅺ类)的县域单元有适度增加,从 1724 年的 89 个增加到 1820 年的 92 个;一个等级差(Ⅰ类)和三个等级差(Ⅲ类)的县域单元愈来愈少,分别从 1724 年的 45 个和 26 个缩减到 1820 年的 44 个和 18 个,而Ⅳ类差异区数量较少,且变化也不明显,仅 7 到 8 个单元,这表明两套数据集重建的县域林地覆盖率趋势愈加趋同,差异情况愈加淡化。

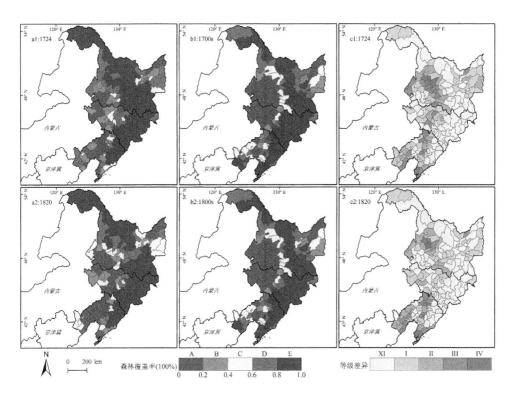

图 5-5   本书重建林地与其他研究成果的区域尺度对比分析
注:a 为本书重建结果;b 为 Ye 等(2011)的研究成果;c 为林地等级差异(c=a−b)。
审图号:GS(2016)1549 号   GS(2016)2884 号

表 5-2   现代县级行政区划下林地比例等级及差异情况

林地比例(a/b)	A	B	C	D	E
1724	45/56	21/10	15/20	34/30	74/73
1820	63/56	19/10	26/22	17/34	64/67
林地比例差异等级	Ⅺ	Ⅰ	Ⅱ	Ⅲ	Ⅳ
1724	89	45	22	26	7
1820	92	44	27	18	8

注:a/b 式中 a 为本研究重建结果,b 为 Ye 等(2011)的重建结果。

为便于与 He 的成果进行对比分析,将本研究与其临近时点的重建结果采用比例型数据类型表示,网格分辨率上推至 10 km×10 km,结果见图 5-6。从总体格局的比对情况来看,本研究重建结果与对比数据集在林地分布区和覆盖率上保持着较高的匹配度,两者都集中分布在大小兴安岭、长白山、横断山脉和大巴山以及东南丘陵区的武夷山、大别山和雪峰山等处,而新疆、青海、西藏和华北平原林地分布较少。从局部对比来看,在河南西部、西藏南部、广东北部和浙江南部等地区,本研究重建结果相较于对比数据集林地较多。究其原因可能是,本研究重建时所用的网格分辨率为 1 km×1 km,显著高于对比数据集的 10 km×10 km,这能有效模拟局部地区存在林地的可能性;其次,本研究考虑了土地宜垦性、行为主体的选择偏好,较单独以地形、气候和土壤作为空间分配指示因子的建模思路更具合理性。

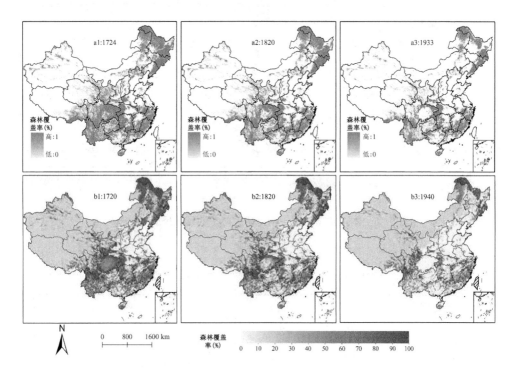

图 5-6　本书重建林地与其他研究成果的全国尺度对比分析

注:a 为本研究重建结果;b 截取自 He 等(2015)的研究文献。

5.5 小 结

本章在构建土地垦殖前林地植被可能分布最大范围的基础上,基于行为主体对粮食、农副产品、木薪和木材的需求,考虑土地的宜垦性、砍伐木材的难易程度、市场吸引力和林木资源的丰富程度,以分省历史林地数量为控制因子,构建了历史时期林地空间重建模型。结果表明:

其一,模型重建结果与遥感数据的绝对误差介于$-25\%\sim25\%$和$-50\%\sim50\%$的网格占比分别可达 78.5%、95.85%,间接验证了重建模型具有一定的可行性。

其二,重建的近 300 年中国林地空间格局重点分布在东北地区的大小兴安岭和长白山、西南地区的横断山脉和大巴山以及东南丘陵区的武夷山、大别山和雪峰山等处;从空间变化格局来看,东北地区的辽河平原、松嫩平原、三江平原和西南地区的四川盆地、云贵高原的林地呈逐渐减少的趋势,这种变化格局与近 300 年来中国农业开垦的客观事实较为吻合。

其三,区域和全国尺度对比表明,重建的林地与已有数据集在总体格局和变化趋势上保持基本一致,偏差逐渐减小,林地空间分布格局与实际情况贴近。

参考文献

[1] Brzeziecki B, Kienast F, Wildi O. A simulated map of the potential natural forest vegetation of Switzerland [J]. Journal of Vegetation Science, 1993, 4(4).

[2] Goldewijk K K, Battjes J J. A hundred year (1890 - 1990) database for integrated environmental assessment (HYDE, version 1. 1) [Z]. Bilthoven, the Netherlands: National Institute of Public Health and the Environment (RIVM),1997.

[3] Goldewijk K K. Estimating global land use change over the past 300 years: The HYDE Database[J]. Global Biogeochemical Cycles, 2001, 15(2).

[4] Guisan A, Theurillat J P, Kienast F. Predicting the potential distribution of plant species in an alpine environment[J]. Journal of Vegetation Science, 1998, 9(1).

[5] He F, Li S, Zhang X. A spatially explicit reconstruction of forest cover in China over 1700 - 2000[J]. Global & Planetary Change, 2015, 131 (131).

[6] He F, Li S, Zhang X. Spatially explicit reconstruction of forest cover of Southwest China in the Qing Dynasty [J]. Geographical Research, 2014, 33(2).

[7] Houghton R A, Hobbie J E, Melillo J M,et al. Changes in the carbon content of terrestrial biota and soils between 1860 and 1980: A net release of CO_2 to the atmosphere[J]. Ecological Monographs, 1983, 53 (3).

[8] Kaplan J O, Krumhardt K M, Zimmermann N. The prehistoric and preindustrial deforestation of Europe[J]. Quaternary Science Reviews,

2009，28(27 - 28).

［9］ Liu M L，Tian H Q. China's land cover and land use change from 1700 to 2005：estimations from high-resolution satellite data and historical archives［J］. Global Biogeochemical Cycles，2010，24(3).

［10］ Long Y，Jin X，Yang X，et al. Reconstruction of historical arable land use patterns using constrained cellular automata：A case study of Jiangsu，China［J］. Applied Geography，2014，52(4).

［11］ McFadden D. Conditional logic analysis of qualitative choice behavior ［M］. In：Zarembka P(Ed.). Frontiers in Econometrics. New York：Academic Press，1974.

［12］ Ramankutty N，Foley J A. Estimating historical changes in global land cover：Croplands from 1700 to 1992［J］. Global Biogeochemical Cycles，1999，13(4).

［13］ Steyaert L T，Knox R G. Reconstructed historical land cover and biophysical parameters for studies of land-atmosphere interactions within the eastern United States［J］. Journal of Geophysical Research Atmospheres，2008，113(D2).

［14］ Tian H，Banger K，Bo T，et al. History of land use in India during 1880 - 2010：Large-scale land transformations reconstructed from satellite data and historical archives［J］. Global & Planetary Change，2014，121(10).

［15］ Yang X，Jin X，Du X，et al. Multi-agent model-based historical cropland spatial pattern reconstruction for 1661 - 1952，Shandong Province，China［J］. Global & Planetary Change，2016，143.

［16］ Yang X，Jin X，Guo B，et al. Research on reconstructing spatial distribution of historical cropland over 300 years in traditional cultivated regions of China［J］. Global & Planetary Change，2015，128.

［17］ Ye Y，Fang X Q. Spatial pattern of land cover changes across Northeast China over the past 300 years［J］. Journal of Historical

Geography, 2011, 37(4).

[18] 曹雪, 金晓斌, 周寅康. 清代耕地数据恢复重建方法与实证研究[J]. 地理学报, 2013, 68(2).

[19] 陈季君. 明清时期黔北皇木采运初探[J]. 遵义师范学院学报, 2008, 10(6).

[20] 陈嵘. 中国森林史料[M]. 北京: 中国林业出版社, 1983.

[21] 樊宝敏, 董源. 中国历代森林覆盖率的探讨[J]. 北京林业大学学报, 2001, 23(4).

[22] 何凡能, 葛全胜, 戴君虎, 等. 近 300 年来中国森林的变迁[J]. 地理学报, 2007, 62(1).

[23] 何凡能, 李士成, 张学珍. 清代西南地区森林空间格局网格化重建[J]. 地理研究, 2014, 33(2).

[24] 李飞, 赵军, 赵传燕, 等. 中国潜在植被空间分布格局[J]. 生态学报, 2008, 28(11).

[25] 李士成, 何凡能, 陈屹松. 清代西南地区耕地空间格局网格化重建[J]. 地理科学进展, 2012, 31(9).

[26] 李士成, 何凡能, 张学珍. 中国历史时期森林空间格局网格化重建方法研究: 以东北地区为例[J]. 地理学报, 2014, 69(3).

[27] 李为, 张平宇, 宋玉祥. 清代东北地区土地开发及其动因分析[J]. 地理科学, 2005, 25(1).

[28] 林宏荣. 历史时期四川森林的变迁(续)[J]. 农业考古, 1986(1).

[29] 凌大燮. 我国森林资源的变迁[J]. 中国农史, 1983(2).

[30] 刘华民, 吴绍洪, 郑度, 等. 潜在自然植被研究与展望[J]. 地理科学进展, 2004, 23(1).

[31] 刘纪远, 匡文慧, 张增祥, 等. 20 世纪 80 年代末以来中国土地利用变化的基本特征与空间格局[J]. 地理学报, 2014, 69(1).

[32] 马忠良, 宋朝枢, 张清华. 中国森林的变迁[M]. 北京: 中国林业出版社, 1997.

[33] 任继周. 草原合理利用与草原类型[M]. 北京: 中国农业出版社, 2004.

[34] 史念海. 论历史时期我国植被的分布及其变迁[J]. 中国历史地理论丛，1991(3).

[35] 文焕然，何业恒. 中国森林资源分布的历史概况[J]. 资源科学，1979，1(2).

[36] 叶瑜，方修琦，张学珍，等. 过去 300 年东北地区林地和草地覆盖变化[J]. 北京林业大学学报，2009，31(5).

[37] 袁轶峰. 清前期黔西北的矿业开发与生态环境变迁[J]. 贵州大学学报（社会科学版），2010，28(3).

[38] 杨绪红，金晓斌，林忆南，等. 中国历史时期土地覆被数据集地理空间重建进展评述[J]. 地理科学进展，2016，35(2).

[39] 张鸿辉，曾永年，金晓斌，等. 多智能体城市土地扩张模型及其应用[J]. 地理学报，2008，63(8).

[40] 张丽娟，姜蓝齐，张学珍，等. 19 世纪末黑龙江省的耕地覆盖重建[J]. 地理学报，2014，69(4).

[41] 赵冈. 人口、垦殖与生态环境[J]. 中国农史，1996(1).

[42] 朱枫，崔雪锋，缪丽娟. 中国历史时期土地利用数据集的重建方法述评[J]. 地理科学进展，2012，31(12).

第6章 近300年中国农林地变化的碳排放核算

由人类土地利用活动引致的土地覆被变化,通过改变地球陆地表层的生物地球物理机制和生物地球化学机制,从而影响地表的能量收支和物质循环(Houghton,1999;Pongratz et al.,2008),进而显著地影响区域乃至全球尺度的气候和生态环境效应,这种影响随着人口不断膨胀和科学技术不断进步愈加明显(翟俊等,2013;曹雪等,2013)。据估计,自工业革命至今的300年间,全球有42%~68%的土地覆被受人类土地利用活动影响(Hurtt et al.,2006),有1/3至1/2的土地覆被发生类型转换(Vitousek et al.,1997;Pongratz et al.,2008);而由土地利用/覆被变化导致的全球碳排放达177 Pg C(Minnen et al.,2009),占全球人为碳排放的1/3以上(Houghton,1999),使得同期全球变冷了0.13~0.25℃(Goldewijk,2011)。IPCC(2000)报告进一步指出,1750—1998年的200多年内,全球有(406±60)Gt C以CO_2的形式排放到大气中,其中化石燃料燃烧和水泥生产导致的CO_2排放量为(270±30) Gt C,占总排放量的67%;而来自森林土地利用和人类土地利用变化导致的CO_2排放量为136 Gt C,占总排放量的33%。人类的土地利用/覆被变化活动成为除化石燃料燃烧和水泥生产产生大量的碳排放外,引起陆地碳储量变化的重要因子(Emanuel et al.,1984;Esser,1987),其影响远远超过了自然变化影响的速率和程度(李蓓蓓,2014)。因此,准确评估人类活动引起的土地利用/土地覆被变化所导致的生态系统碳收支,将有助于降低陆地生态系统碳储量估算的不确定性(Houghton,2001;Pan et al.,2011)。

在中国历史土地利用变化导致的碳排放估算方面,Houghton(2002)构建的簿记模型核算了近300年来中国土地利用变化导致的碳排放,总量介于

17.10～33.40 Pg C；中国学者葛全胜等（2008）基于历史文献析出的耕地和森林数据，采用簿记模型估算了中国近 300 年来土地垦殖引起的碳排放，总量介于 4.50～9.54 Pg C，最适估计值为 6.18 Pg C，结果远小于 Houghton 的估算结果。李蓓蓓等（2014）以东北三省县域尺度为研究对象，采用簿记模型核算了土地垦殖导致的碳排放，总量介于 1.06～2.55 Pg C，最适估计值为 1.45 Pg C，认为土壤碳库是最大的排放源，植被碳排放量仅占总碳排放量的 1/3。上述研究通过情景设置、土地利用年变化率估计、植被和土壤碳密度修正后核算了全国尺度和区域尺度的近 300 年碳排放效应，为本研究开展提供了经验借鉴和案例参考。

6.1　碳效应核算总体思路

簿记模型是通过估算植被碳净排放量和土壤碳净排放量后，逐年累加研究时段内的所有碳排放项目，最终核算出土地利用导致的碳排放总量。模型运算时需要土地利用年变化率和植被与土壤的碳密度参数，同时需要设置对应生态系统的干扰响应参数。为了减少模型估算的不确定性和评估碳排放的合理区间，本研究设计了三种不同情景下的土地利用年变化率和碳密度参数值，构建了亚热带和温带气候条件下不同生态系统开垦、弃耕、砍伐情景下的干扰响应曲线，以 1661—1952 年为研究时段，分别核算了近 300 年来土地利用导致的碳排放低值、高值和适中值，总体思路见图 6-1。

6.2　碳排放核算模型

6.2.1　模型概述

簿记模型是由 Houghton 等（1983）建立的用于核算陆地生态系统与大气碳素交换从"摇篮"到"坟墓"全过程的碳收支模型，经过笔者不断地对模型进

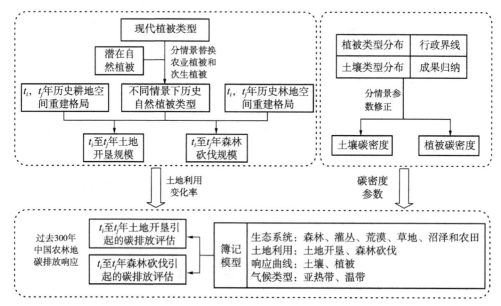

图 6-1　近 300 年来农林地的碳排放效应估算思路

行修正和完善，该模型被广泛应用于美国、中国等 9 个国家和地区土地利用/土地覆被变化引起的碳源、碳汇的动态特征研究（Houghton，2002，2003；Houghton et al.，2000；Ge et al.，2008）。簿记模型是一类静态的记账模型，其原理是以年为时间步长，逐年记录由土地利用/土地覆被变化引起的陆地生态系统碳储量年净增量。模型在计数原理的基础上设计了反映生态过程的干扰响应曲线（见图 6-2），干扰响应曲线考虑了单位土地面积上植被和土壤的全部碳储量，并强调了生物体腐烂、氧化导致的碳释放以及不同产品氧化速率的差异（Houghton，2003）。累加年度植被和土壤碳储量的变化值后即可评估陆地生态系统碳库储量变化和碳排放量（王渊刚等，2014）。在计算时，模型需要输入两类数据：其一是年度土地利用/土地覆被变化数据，其二是土地利用和管理方式不同引起的碳密度变化数据。

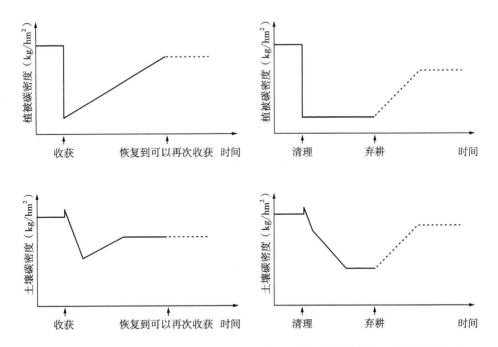

图 6 - 2　森林收获（左）和开垦（右）后单位面积植被和土壤碳密度理想化响应曲线
注：据 Houghton et al.(1983)成果转绘。

6.2.2　模型构建

基于土地覆被变化率、植被和土壤碳密度变化率，以年为步长，逐年累加土地利用/土地覆被变化引起的植被和土壤碳储量的年净变化量即可评估陆地生态系统碳储量和碳排放量。碳净变量 ΔC 可用下式表达：

$$\Delta C = \sum_{t=1}^{\text{Min}(T,N)} (\Delta SOC_t + \Delta VC_t) \qquad (6-1)$$

式中：N 为研究年限；T 为碳密度到达稳定时所需时间；ΔSOC_t、ΔVC_t 分别为第 t 年土壤和植被的碳储量年净增量，定义正号为碳汇，负号为碳源。

6.2.2.1　第 t 年土壤碳储量年净增量求取

研究时段内第 t 年土地利用/土地覆被变化引起的土壤碳储量年净增量变化 ΔSOC_t 由两部分组成：其一是地表原生植被移除后遗留下来的枯枝落叶和地下根系经过腐烂后进入土壤，增加土壤有机碳含量；其二是地表植被移除后，人为的翻耕、搅拌和填埋等干扰活动造成土壤的团聚体结构、温度、湿度等物理化学属性发生变化而导致土壤有机碳库大量被释放,土壤碳储量年净增量变化 $\triangle SOC_t$ 可用下式表达:

$$\Delta SOC_t = \sum_{i=1}^{z} \sum_{j=1}^{z} \sum_{n=1}^{t} \left(A_{i,j,n} \times \frac{m_i \times a}{x_1} + A_{i,j,n} \times S_{i,j,t} \right) \quad (6-2)$$

式中: i, j 和 z 分别表示土地覆被类型和类型总数; n 表示第 n 年,且 $0 \leqslant n \leqslant t$; $A_{i,j,n}$ 为第 n 年土地覆被类型 i 向 j 转换的面积; m_i 表示土地覆被类型 i 的植被碳密度; a 表示遗留下来的枯枝落叶在 x_1 年腐烂速率下的植被碳占总碳储量百分比; $S_{i,j,t}$ 表示土地覆被类型 i 向 j 转换后在第 t 年的土壤碳密度变化速率,其计算方法见下式:

$$S_{i,j,t} = (S_{i,j,t_2} - S_{i,j,t_1})/(t_2 - t_1) \quad (6-3)$$

式中: S_{i,j,t_2}、S_{i,j,t_1} 分别表示土地覆被类型 i 向 j 转换后在 t_2 和 t_1 两个不同生长或恢复时段内的土壤碳密度,且有 $t_1 \leqslant t \leqslant t_2$。

6.2.2.2 第 t 年植被碳储量年净增量求取

研究时段内第 t 年土地利用/土地覆被变化引起的植被碳储年净增量变化 ΔVC_t 由三部分组成:其一是地表原生植被移除后自然恢复的或人工种植的植被带来的植被有机碳增量;其二是地表植被生物质移走后用作不同用途而逐年氧化释放出植被有机碳储量;其三是遗留在地表的枯枝落叶和地下的根系逐年腐烂后释放植被碳库进入土壤。植被碳储量年净增量变化 ΔVC_t 可用下式表达:

$$\Delta VC_t = \Delta VC_{t原地} - \Delta VC_{t移走} - \Delta VC_{t遗留} \quad (6-4)$$

式中: $\Delta VC_{t原地}$、$\Delta VC_{t移走}$ 和 $\Delta VC_{t遗留}$ 分别为第 t 年原地植被恢复、移走原地植被和遗留原地植被的碳净变化量,各部分的计算方法分别见下式:

$$\Delta VC_{t原地} = \sum_{i=1}^{z} \sum_{j=1}^{z} \sum_{n=1}^{t} A_{i,j,n} \times V_{i,j,t} \quad (6-5)$$

式中: $A_{i,j,n}$ 为第 n 年土地覆被类型 i 向 j 转换的面积; $V_{i,j,t}$ 表示土地覆被类型 i 向 j 转换后在第 t 年的植被碳密度变化速率,求法见下式:

$$V_{i,j,t} = (V_{i,j,t_2} - V_{i,j,t_1})/(t_2 - t_1) \quad (6-6)$$

式中: V_{i,j,t_2}、V_{i,j,t_1} 分别表示土地覆被类型 i 向 j 转换后在 t_2 和 t_1 两个不同生长或恢复时段内的植被碳密度,且有 $t_1 \leqslant t \leqslant t_2$。

$$\Delta VC_{t\text{移走}} = \sum_{i=1}^{z} \sum_{j=1}^{z} \left(\begin{array}{l} \sum\limits_{n=t-x_2}^{t} A_{i,j,n} \times \dfrac{m_i \times b}{x_2} + \sum\limits_{n=t-x_3}^{t} A_{i,j,n} \times \\ \dfrac{m_i \times c}{x_3} + \sum\limits_{n=t-x_4}^{t} A_{i,j,n} \times \dfrac{m_i \times d}{x_4} \end{array} \right) \quad (6-7)$$

式中:n 表示第 n 年,且 $0 \leqslant n \leqslant t$;$A_{i,j,n}$ 为第 n 年土地覆被类型 i 向 j 转换的面积;m_i 表示土地覆被类型 i 的植被碳密度;b、c 和 d 分别表示不同 x_2、x_3 和 x_4 年氧化速率下的植被碳占总碳储量百分比。

$$\Delta VC_{t\text{遗留}} = \sum_{i=1}^{z} \sum_{j=1}^{z} \sum_{n=1}^{t} \left(A_{i,j,n} \times \frac{m_i \times a}{x_1} \right) \quad (6-8)$$

式中:$A_{i,j,n}$ 为第 n 年土地覆被类型 i 向 j 转换的面积;a 表示遗留下来的枯枝落叶在 x_1 年腐烂速率下的植被碳占总碳储量百分比。

6.3　模型参数制备

6.3.1　历史自然植被重建

为便于核算历史土地开垦、森林砍伐的地类来源与规模以及建立植被和土壤的碳密度空间格局,首先需要恢复历史自然植被类型的空间分布格局。本研究认为的历史自然植被类型是在没有人类活动干扰下,在当前气候和自然环境条件下立地所能到达的自然演替的终态。张学珍等(2011)和李蓓蓓等(2012)创造性地提出了基于历史文献析出法修正潜在自然植被类型的方法,对东北三省的历史自然植被进行了空间格局恢复,由于中国幅员辽阔、气候和地貌类型多样,且大部分区域的历史自然植被记录难以获取,采用其方法对整个国土进行植被类型重建几乎不可行,但其方法依旧有借鉴意义。参考张学珍等(2011)和李蓓蓓等(2012)的研究成果,考虑到相似生境、相似分布原则和衔接现有的中国自然植被分类系统,本研究基于 1∶400 万中国自然植被类型图集,采用多年平均降水量、多年平均>0℃年积温数据生成潜在自然植被,而后对人类活动干扰的植被进行替换,恢复历史时期中国的历史自然植被类型,植被分类、替换假设、情景设定和运算步骤具体如下。

6.3.1.1 植被分类

现代的中国1∶400万自然植被类型采用三级分类方式记录了我国11个植被类型组、54个植被型的796个群系和亚群系植被单位以及主要农作物和经济作物的实际分布状况,考虑到该分类体系受人类活动干扰的灌丛和萌生矮林、农业植被以及簿记模型中响应曲线的限制,需进一步转换相关分类才能用于簿记模型核算历史土地利用变化的碳排放。具体的植被转换分类方法见表6-1。

表6-1 中国1∶400万自然植被分类与历史自然植被分类对照

中国1∶400万植被类型分类				历史自然植被分类			
一级编码	含义	二/三级编码	分类	一级编码	含义	二级编码	分类
1	自然植被	11	针叶林	1	森林	11	针叶林
		1207	针阔混交林			12	针阔混交林
		12	阔叶林			13	阔叶林
		13	灌丛和萌生矮林	2	次生植被	21	人类干扰后的次生植被
		14	荒漠	3	荒漠	31	荒漠
		15	草原和稀树灌木草原	4	草地	41	草原和稀树灌木草原
		1640	温带草甸			42	草甸
		1641	温带亚热带高寒草甸			43	
		1642	温带草本沼泽			51	温带草本沼泽
		1643	温带高寒草本沼泽	5	沼泽	52	温带高寒草本沼泽
2	农业植被			6	人工植被	61	农用地
3	无植被地段			7	无植被地段		
4	湖泊			8	湖泊		

历史自然植被的分类体系衔接中国1∶400万植被类型分类体系,对无植被地段和湖泊地区暂不予进一步修改;而针对灌丛和萌生矮林以及农业植被,本研究认为这些植被是经人类活动干扰后形成的次生植被和人工植被,在进行历史自然植被格局重建时需要将其替换。

6.3.1.2　重建假设

中国 1∶400 万自然植被类型图集成图时间约为 1979 年,可近似认为是 1980 年中国自然植被的空间格局,内含有大量被人类活动干扰的次生植被、人工植被。在将该数据恢复到未受人类活动干扰前的状态时,遵循以下基本假设:

第一,假设近 300 年来气候和自然环境因子未发生显著变化,或发生了变化但并不改变植被的基本生境条件;

第二,假设除受人类活动干扰的次生植被、人工植被外,历史时期的自然植被类型分布格局与现代的自然植被类型空间格局相同;

第三,假设受人类活动干扰的植被限制于次生植被(灌丛和萌生矮林)和人工植被(粮食和经济作物),受干扰的植被演替终态首先受气候因子的限制,遵循植被发生学中的综合顺序分类系统;

第四,不考虑森林大火、虫灾以及旱涝灾害等自然灾害对植被类型空间格局的干扰;

第五,假设历史自然植被空间分布具有连续性,相似的生境具有相似的植被类型组合。

6.3.1.3　情景设定

基于上述基本假设,可认为在历史自然植被中受人类垦殖、砍伐、改造等活动影响的植被表现在现代自然植被类型中主要为灌丛和萌生矮林的次生植被、粮食和经济作物的人工植被。在恢复未受人类活动干扰状态下的历史自然植被类型格局时,用于种植粮食和经济作物的区域可用潜在自然植被类型直接予以替换,而对次生植被的变化情况,参考李蓓蓓(2012)提出的重建植被类型情景,本研究提出三种重建情景(见表 6 - 2):情景 1,认为灌丛和萌生矮林未受人类活动影响,保留全部的现代灌丛和萌生矮林;情景 2,认为现代灌丛和萌生矮林与潜在自然植被类型不一致的区域是受人类活动干扰的结果,将不一致的地块用潜在自然植被类型予以替换;情景 3,认为全部的灌丛和萌生矮林是受人类活动干扰后的次生植被,全部归为相应的森林类型中。

表 6-2 不同情景下的自然植被替换要点

情景 1		情景 2		情景 3	
类型	替换要点	类型	替换要点	类型	替换要点
森林	保留全部的灌丛和萌生矮林;替换全部的人工植被	森林	替换不在潜在自然植被中的灌丛和萌生矮林;替换全部的人工植被	森林	替换全部的灌丛和萌生矮林为相应的森林;替换全部的人工植被
灌丛		灌丛			
荒漠		荒漠		荒漠	
草地		草地		草地	
沼泽		沼泽		沼泽	

6.3.1.4 数据处理

在对人工植被和次生植被进行替换时,所利用的潜在自然植被构建过程和结果见第 5 章所述。本研究构建的潜在自然植被共计 41 类,其中综合顺序分类系统中提到的炎热及干热带荒漠类并未出现(车彦军等,2016)。为了能有效地将潜在自然植被分类体系与中国自然植被分类体系衔接起来,并进一步按上述三种情景替换中国自然植被分类体系中的人工植被和次生植被,对相应数据进行如下处理:

首先,转换潜在自然植被分类体系到中国自然植被分类系统。参考表 6-2 和附表 A,将得到的 41 类潜在自然植被覆盖类型与中国自然植被第三级分类进行逐一核对和匹配,将相应的潜在自然植被类型归纳到中国自然植被第三级分类体系中,并进一步按表 6-2 的要求归纳成森林、灌丛和萌生矮林、荒漠和草地类型。

其次,将转化后的潜在自然植被分类体系属性表空间关联到对应的潜在自然植被覆盖数据上,形成具有中国自然植被分类体系属性信息的潜在自然植被空间覆盖图层。

再次,替换中国自然植被数据集中的人工植被。利用第二步生成的潜在自然植被空间覆盖数据直接替换中国自然植被数据集中的人工植被。

最后,按设定的情景替换中国自然植被数据集中的次生植被。在情景 1 中,保留中国自然植被数据集中的全部次生植被,认为历史上潜在的灌丛和萌生矮林空间范围包含了现代的次生植被范围;在情景 2 中,用潜在自然植被覆盖数据集替换中国自然植被数据集中与潜在自然植被覆盖数据集在灌丛和萌生矮林类型上不一致的区域;在情景 3 中,将中国自然植被数据集中全部的灌丛和萌生矮林替换为森林,为衔接下一步的植被碳密度赋值,需在这一步操作中标注各个森林的类型(即三级类),具体标注依据是如果被替换地块的周边为森林时,就采用邻域的森林类型予以标注,如果邻域为非森林时,就采用该省/区的优势森林群落予以替换。

6.3.1.5　重建结果

依据上述的基本假设和数据处理步骤,得到历史自然植被的空间重建结果,如图 6-3 所示。在中国 1:400 万自然植被覆盖分布格局中,人工植被主要集中分布在我国的四川盆地、东南丘陵、华北平原、河套平原和松嫩平原,面积达 $176.20 \times 10^4 \mathrm{km}^2$;灌丛和萌生矮林在各个省区均有分布,其规模与我国的人工植被相当,达 $185.24 \times 10^4 \mathrm{km}^2$,在空间上呈现东北—西南走向:大兴安岭—太行山—巫山—雪峰山、长白山—武夷山,此外在青藏高原大部分地区都分布着灌丛和萌生矮林。对次生植被和人工植被进行逐一替换后,森林植被在不同情景中所占比例均最大,其次为草地植被;森林植被主要分布在我国的东南季风区,大体在 800 mm 年降水量分界线的南部,此外在东北地区的大小兴安岭、完达山、长白山和千山一带也有大量寒温带落叶针叶林、温带落叶阔叶林和针阔混交林分布。草地植被大体位于 800 mm 年降水量分界线的北部,集中分布于华北平原(温带草原)、东北平原(草原和稀树灌木草原)、内蒙古高原(草原和稀树灌木草原)以及青藏高原(草甸和草本沼泽)。大规模的沼泽集中分布在东北地区的松嫩平原、三江平原,内蒙古的东部和塔里木盆地南缘。

在重建的三种情景中,森林植被所占比例变化较为显著,而荒漠和沼泽基本保持不变(见表 6-3)。其中,在情景 1 中,由于灌丛和萌生矮林大规模地予以保留,森林植被周边大量穿插分布着灌丛、矮林植被,其森林植被占全国比例仅为 29.13%;在情景 2 和情景 3 中,灌丛和萌生矮林逐步被潜在自然植被类型中的森林替代,其森林植被所占比例从 41.29% 上升到 49.39%。

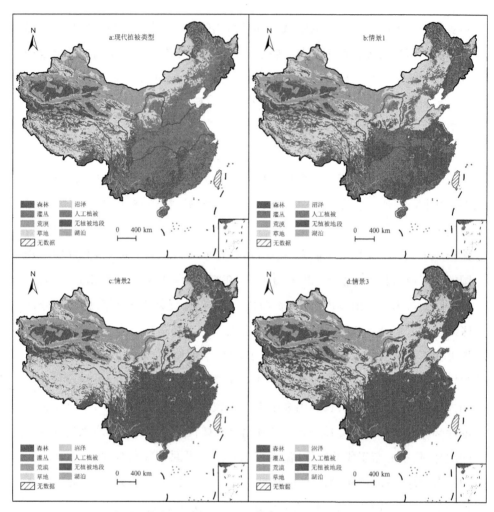

图 6-3　中国现代自然植被（a）和不同情景下重建的历史自然植被（b、c、d）

审图号：GS(2016)1549 号

表 6-3　不同情景下历史自然植被各个类型的面积（单位：km²）

植被类型	现代自然植被	情景 1	情景 2	情景 3
森林	1479461.33	2664356.31	3776556.36	4516789.57
灌丛	1852433.25	1852433.26	17584.6	—
荒漠	1169561.81	1250170.74	1359689.82	1250170.74
草地	1873469.8	2369954.35	2983083.88	2369954.35
沼泽	246706.81	246706.81	246706.81	246706.81
人工植被	1761988.47	—	—	—

（续表）

植被类型	现代自然植被	情景 1	情景 2	情景 3
无植被地段	696008.4	696008.4	696008.4	696008.4
湖泊	65369.67	65369.67	65369.67	65369.67

6.3.2　历史土地利用变化率

采用簿记模型核算近 300 年农林地变化的碳排放时，必须将农林地的土地利用变化率作为参数输入模型中参与运算。在历史自然植被原生状态下，人类活动对农林地的干扰主要包括两个方面，即耕地开垦和森林砍伐。耕地开垦是将地表原生植被予以清除后种植粮食和经济作物，森林砍伐是指除了为开垦耕地而侵占森林以外的以收获林木产品、薪材为目的的森林破坏行为，上述两类行为都将导致植被和土壤碳储量被释放到大气圈。潘媛（2006）在核算中国近 300 年传统农区农林地变化导致的碳排放时，基于如下假设求取每年开垦为耕地的森林面积：① 当研究区内的新增耕地面积小于森林减少的面积时，认为新增加的耕地全部由开垦森林得来；② 当研究区内的新增耕地面积大于森林减少面积时，认为减少的森林面积全部开垦为耕地，受数据源的限制不考虑耕地复垦、开垦草地转变为耕地的情景。李蓓蓓等（2014）在核算近 300 年东北地区耕地开垦导致的碳收支时，假设人类开垦的土地来源于林地、草地、荒地（对应自然植被中的矮林灌丛）和沼泽四种植被类型，采用重建的历史自然植被类型分布图中被改造的林地、草地、荒地和沼泽的面积为权重分配对应时期耕地开垦的历史自然植被类型面积。受历史资料来源的限制，无法通过历史方志、典籍、年鉴有效穷举出近 300 年来中国各个省区的耕地开垦所占用的自然植被类型、规模以及砍伐森林的林种、林相和规模，但上述学者的研究思路为本研究推算近 300 年来耕地开垦和森林砍伐的规模提供了经验借鉴。

6.3.2.1　土地开垦变化率

参考潘媛（2005）、葛全胜等（2008a）和李蓓蓓等（2014）的研究成果，基于以下假设，推算近 300 年来中国 25 个省/区土地开垦所占用的自然植被类型和规模。

第一,假设开垦的耕地全部来源于历史自然植被中的林地、灌丛、荒地、草地和沼泽,除开垦为农田生态系统以外,其余地区的植被将保持未受人类活动干扰的自然状态;

第二,假设重建的相邻时点间历史耕地空间格局中新出现或消失的耕地是该时段内人类活动干扰导致的新垦耕地或弃垦耕地;

第三,假设各相邻时点间的耕地开垦面积是逐年均匀变化的,使用各时点间估算的耕地开垦占用的自然植被面积进行线性插值,即可获得各植被类型的年均变化率;

第四,假设耕地弃垦后不再继续受人类活动干扰,将按被开垦之前的植物群落类型进行演替,若干年后可恢复到开垦前的植被类型。

基于上述基本假设和前章的历史耕地空间重建成果,将 1661 年、1724 年、1820 年、1887 年、1933 年和 1952 年的分省/区历史耕地空间化成果作为分析掩膜,在 ArcGIS 软件中提取情景 1、2 和 3 下的历史自然植被类型和地类面积(见图 6-4)。由图可知,1661—1952 年耕地开垦规模在持续增加,从 1661 年的 $43.17 \times 10^4 \, km^2$ 逐渐增加到 1952 年的 $136.16 \times 10^4 \, km^2$,开垦的耕地主要来源于森林和草地,对荒漠和沼泽的开垦规模较小,研究时段内对荒漠的开垦主要是在甘宁、新疆和内蒙古地区等西北干旱地区,对沼泽的开垦主要是在黑龙江、京津冀地区、内蒙古、吉林和山东。其中,1661—1952 年累计森林开垦面积为 $44.58 \times 10^4 \sim 61.59 \times 10^4 \, km^2$,累计草地开垦规模为 $24.48 \times 10^4 \sim 26.81 \times 10^4 \, km^2$,累计荒漠开垦规模为 $3.03 \times 10^4 \sim 3.14 \times 10^4 \, km^2$,累计沼泽开垦规模为 $2.55 \times 10^4 \, km^2$,灌丛的累计开垦规模为 $0.21 \times 10^4 \sim 17.01 \times 10^4 \, km^2$。本书的设定情景对森林、灌丛、草地的开垦影响较大,在情景 3 中,森林、草地的累计开垦规模最大,分别占总累计开垦规模的67.20%、26.72%,荒漠和沼泽分别仅占 3.30%、2.78%,情景 3 中灌丛全部转换为了森林,因而没有对灌丛的开垦;在情景 2 中,森林的累计开垦规模有了适度缩小,约为64.32%,而草地的累计开垦规模有了适度增加,变为29.26%,灌丛的累计开垦比例约为0.23%;在情景 1 中,森林的累计开垦规模最小,约为46.64%,灌丛和草地分别占 18.56%、26.72%。

按线性插值法求取各生态系统累计开垦规模的年均增长变化率。三种

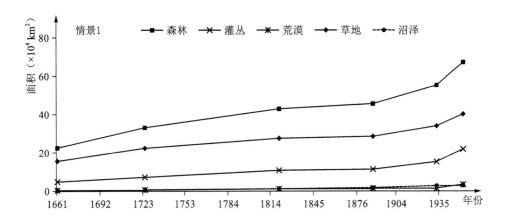

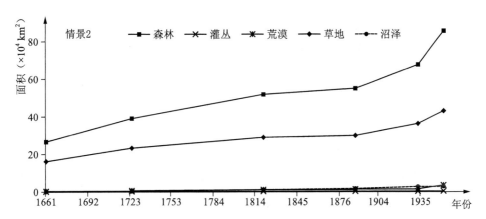

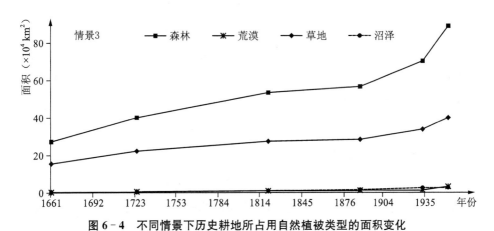

图 6 - 4　不同情景下历史耕地所占用自然植被类型的面积变化

情景下,森林和灌丛的年均增长率均呈现先降低后不断增大的趋势,均在 19 世纪中后期下降幅度最大,年均增长率最低值分别仅为 0.90‰(情景 3)、0.52‰(情景 2),之后的森林和灌丛开垦增速不断变大。以情景 1 为例,1661—1724 年,森林、灌丛、草地和沼泽的年均增长率保持在 6.8‰以上,而荒漠的年均增长率更是达到 13.41‰,开垦的荒漠主要是在新疆、甘宁地区,后期转向内蒙古和西藏地区,这与清朝入关、百废待兴有关,明末清初大量土地因为战争而废垦,随着政权稳定和清前中期人口持续增长,粮食需求不断加大,大量土地被开垦,此阶段各土地利用类型的年均增长速率较大;1724—1820 年,荒漠的累计开垦规模虽小,但年均增长率达 8.2‰,高于森林的 3.10‰和灌丛的 5.21‰;1887—1933 年,沼泽和灌丛的年均增长率较大,分别达12.99‰、7.64‰,高于森林的 4.63‰;1933—1952 年,随着人口的持续增长和国内社会的逐渐稳定,开垦耕地的年均增长率有了大幅度提升,其中森林和灌丛年均增长率分别达到 1.15％、2.31％,而开垦荒漠的年均增长率达到 7.03％,这主要是西北地区的新疆大面积开垦荒地造成的。

6.3.2.2　森林砍伐面积

除毁林开荒占用林地外,另一个大规模破坏森林的主要行为就是采伐木材用品和柴薪。森林砍伐造成木本植被大面积清除,活生物量被移走,进入土壤的枯枝落叶减少,原有林下有机碳的生物化学循环被打破,加之缺乏森林的遮蔽保护,地表土壤裸露在外,雨水冲刷和侵蚀作用加剧,土壤的温度和湿度发生变化,森林土壤的有机碳储量会逐渐分解或汇聚到河流湖泊中,最终以碳素形式返回大气碳库中。1949 年以后我国实施的八次森林清查,获取了近现代以来森林资源的详细资料,但关于本研究时段内的历史森林砍伐数据十分匮乏,为了推算近 300 年来可能的森林砍伐面积,参考李蓓蓓(2012)的研究方法,在未受人类活动干扰下的历史自然植被分布格局中,扣除对应时点耕地开垦对林地占用的图斑,之后再扣减对应时点重建的历史林地空间格局,剩余的面积即为研究时段内森林砍伐的累积规模($S_{1661—1724}$、$S_{1661—1820}$、$S_{1661—1887}$、$S_{1661—1933}$、$S_{1661—1952}$),各个时段内的累积砍伐由于造林行为和林地自然恢复而数据各异,为了平衡这部分数据变化,求取研究期内 5 个时段的累积规模的平均值作为 1661—1952 年累积砍伐规模($S_{累积}$),由此算得情景 1、2 和 3 下

1661—1952 年的累积森林砍伐规模分别为 $107.91 \times 10^4 \, km^2$、$157.67 \times 10^4 \, km^2$ 和 $225.69 \times 10^4 \, km^2$。

（1）累积森林砍伐规模分解方案

簿记模型在核算森林砍伐引起的生态系统碳储量变化时需要输入每年的森林砍伐面积，因此需要逐年分解 1661—1952 年的累积森林砍伐面积。考虑到影响森林累积砍伐规模的因子主要有人口、政策、社会经济发展程度等，但其主要驱动机制是研究时段内人口不断增长导致的对建筑用材、家具、柴薪等林产品需求不断增大，从而逐渐扩大对森林的砍伐规模（葛全胜等，2008a），因此将人口规模和时间间隔作为参考因子，按式 6-9 分阶段分解累积森林采伐面积。

$$
\begin{cases}
S_{累积} = \dfrac{\sum\limits_{j=1724}^{1952} S_{1661-j}}{5} \\[4mm]
k_{i,j} = \dfrac{Pop_i + Pop_j}{\sum\limits_{i,j=1661}^{1952} (Pop_i + Pop_j)} \times \dfrac{t_j - t_i}{t_{1952} - t_{1661}} \\[4mm]
FS = \dfrac{k_{i,j}}{\sum\limits_{i,j=1661}^{1952} k_{i,j}} \times \dfrac{S_{累积}}{t_j - t_i}
\end{cases}
\tag{6-9}
$$

式中：i、j 分别是研究时点，依次取 1661 年、1724 年、1820 年、1887 年、1933 年和 1952 年，且 $i < j$；$S_{累积}$ 是 1661—1952 年累积采伐规模的平均值；$k_{i,j}$ 是第 i 年至第 j 年的森林累积砍伐规模分解系数；Pop_i、Pop_j 是第 i 年和第 j 年的人口规模，此处引用潘倩等（2013）修正的对应分省/区人口总数；t 是研究时点，含义同 i、j；FS 是分解的年均森林砍伐面积。

（2）年均森林砍伐规模分解结果

根据上述分解方案，对情景 1、2 和 3 下的年均森林砍伐面积进行分解（见图 6-5）。从图中可以看出，不同历史自然植被重建情景下的年均森林砍伐面积在趋势上基本相似，都呈现逐渐增大的趋势，但在规模上存在较大差异，情景 1 中的年均砍伐规模最小，从 1661 至 1820 年，年均砍伐规模介于 1254～2699 km^2，之后年均砍伐规模不断增大，从 4299 km^2 增大到了 1932—1952 年的 8936 km^2。情景 2、3 将矮林和萌生灌丛替换为森林，故情景 2 和情景 3 的年均森林砍伐规模相较于情景 1 而言,分别扩大了 3 倍和 5 倍左右,但在后期这个差异分别逐渐缩小到 2.2 倍和 3.05 倍左右。采用人口总量作为分解参考因子,能有效反映不同区域间森林砍伐的速率差异,就受人类活动影响较晚的东北和西南地区来看,以情景 1 为例,东北三省在 1820 年以前的年均森林砍伐规模均较低,最大的辽宁省仅为 30 km²,且辽宁省高于吉林省,黑龙江省最低;但这种格局随着东北地区 1856 年左右封禁政策逐渐松弛和放开驰垦后开始发生转变,东北地区的森林遭到大面积破坏,呈现为黑龙江省的年均砍伐规模逐渐高于辽宁省和吉林省,1932—1952 年,黑龙江、辽宁和吉林年均砍伐规模分别达到 1296 km²、446 km² 和 460 km²,此时重建的东北三省年均砍伐规模(2203 km²)与李蓓蓓(2012)通过分析调查资料得出的年均 2500 km²十分接近;西南地区在清初重启皇木采办政策后,原始森林,尤其是楠木开始遭受严重破坏,清前期的年均砍伐规模在 23 km²,雍正年间颁布"改土归流"政策后,人口规模迅速增长,对木材、薪炭的需求也不断加大,推算得到的清中后期川渝地区年均砍伐规模达 800 km²。

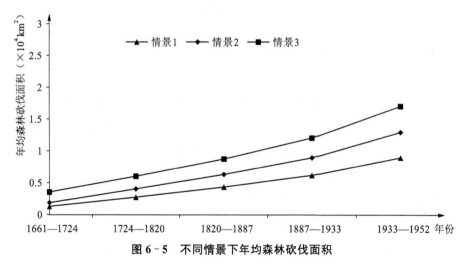

图 6-5　不同情景下年均森林砍伐面积

6.3.3　土地利用碳密度

6.3.3.1　植被碳密度

（1）数据源及处理

不同的植被类型碳密度差别较大,森林、灌丛、沼泽、草地和荒漠依次减少;同一植被类型不同的植被群组,其碳密度也存在较大差异,例如温带山地常绿针叶林高于寒温带、温带山地落叶针叶林。为了提高碳排放的核算精度,采用植被群组的平均碳密度来推算不同研究区的植被碳密度。前述重建的历史自然植被类型含有不同植被类型的空间分布和规模,将实测的植被碳密度参数链接到对应的植被类型后即可推算出研究区的平均碳密度值,本研究所用的植被碳密度参数值引自赖力(2010)的研究成果(见附表 A),研究区平均碳密度值计算步骤如下:

第一,建立不同植被群组的植被碳密度属性数据库,以对应植被分类体系为关键字段,将植被碳密度属性数据库关联到重建的历史自然植被覆盖图集;

第二,按研究区统计不同植被种群的面积,乘以对应的植被碳密度数值,而后按森林、灌丛、沼泽、草地和荒漠分类汇总求得各研究区的植被有机碳储量;

第三,按研究区分别统计森林、灌丛、沼泽、草地和荒漠的植被有机碳储量和植被面积,计算各研究区森林、灌丛、沼泽、草地和荒漠的平均碳密度。

对各研究区的森林、灌丛、沼泽、草地和荒漠植被碳储量进行求和,核算在不受人类活动影响状态下的植被碳储量(见图 6-6)。对应历史自然植被覆盖重建的三种情景,研究区的植被碳储量差异较为明显;在情景 1、2、3 中,研究区植被碳储量分别为 13.85 Pg、18.11 Pg 和 20.90 Pg,与以中国 1∶400 万自然植被覆被格局下的植被碳储量 8.58 Pg 相比,分别高了 5.28 Pg、9.53 Pg 和 12.33 Pg;情景 1 中将自然植被中的农业植被替换成了对应的潜在自然植被,使得传统农区和东北地区的植被碳储量有了适度增加,增加幅度在 5.28 Pg;情景 2 中,在情景 1 的基础上进一步将部分自然植被中的灌丛和萌生矮林替换成了对应的潜在自然植被,使得黑龙江、云南、川渝地区、湖南和湖北等区域的植被碳储量进一步增加,与情景 1 相比增加了 4.25 Pg;情景 3 中,在情景 1 的基础上将自然植被中所有的灌丛和萌生矮林替换成了对应的森林植被,使得拥有较多灌丛和萌生矮林的西藏、内蒙古、青海、川渝地区、湖北和贵州等区域的植被碳储量大量增加,与情景 1 相比增加了 7.05 Pg。将三种情景的植被碳储量与 Peng(2007)计算的中国潜在自然植被碳储量

57.90 Pg相比,本研究不同情景下重建的植被碳储量均比其低,原因在于本研究在重建历史自然植被格局时将现代仍然存在的自然植被予以保留,仅替换了人工植被和农业植被,可认为估算结果更为接近真实的潜在自然植被碳储量。

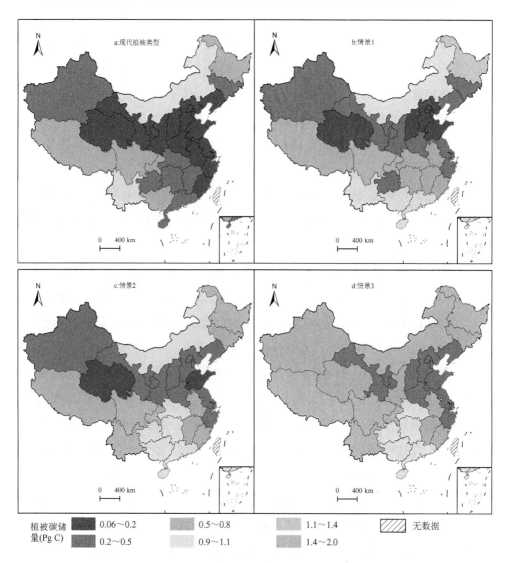

图6-6 不同情景下植被碳蓄积量分布格局

审图号:GS(2016)1549号　GS(2016)2884号

（2）植被碳密度结果

将各省区不同植被碳蓄积量除以对应植被的面积后可获得各种植被类

型的平均植被碳密度,见表 6 - 4。不同情景下,森林和灌丛的平均碳密度差别较为明显。情景 1 中,中国历史自然植被中森林和灌丛的平均植被碳密度分别为 4258.39 Mg/km^2、960.314 Mg/km^2;情景 2 中,森林和灌丛的平均植被碳密度分别为 4556.39 Mg/km^2、1677.29 Mg/km^2;情景 3 中,森林的平均植被碳密度为 4466.44 Mg/km^2。情景 2 中增加的森林大都为针叶林、针阔混交林以及阔叶林,前两者的碳密度值比区域平均碳密度值要大,故使得替换后的情景 2 的森林平均碳密度值有所增加;情景 2 中将与潜在自然植被灌丛不一致的灌丛予以了替换,这部分被替换的灌丛大多为高山垫状矮半灌木、草本植被和落叶灌丛、矮林等植被碳密度较低的灌丛,故替换后川渝地区、西藏、新疆以及云南等地的灌丛平均碳密度有了适度增加。情景 3 中的森林平均碳密度相较于情景 2 有了适度下降,主要是情景 3 中所有的灌丛替换为了森林,在确定被替换区域的森林种群类型时是根据地块相邻种群相似原则和区域优势度原则确定的,故最终得出的森林平均植被碳密度会比情景 1 要高,但又不高于情景 2。

在历史自然植被状态下,本书核算的中国森林平均植被碳密度比赵敏和周广胜(2004)采用材积生物量法和第四次森林资源清查资料核算的 4132 Mg/km^2 略大;而与 Fang 等(2001)采用生物量换算因子连续函数法估算的全国森林植被平均碳密度 4258 Mg/km^2 相比十分接近,仅情景 2 和情景 3 略大。由此来看,本书重建的三种历史自然植被情景下的植被碳密度较为合理。

6.3.3.2　土壤碳密度

(1) 数据源及处理

受降水和温度的地带性影响,我国土壤类型从南到北和从东到西分别呈现纬度地带性和经度地带性规律,不同土壤类型的碳密度值存在明显差异,在核算土地利用变化导致的碳排放时必须考虑土壤类型的差别。本研究的土壤类型空间数据源于第二次全国土壤普查资料形成的 1∶100 万中国土壤数据库,该数据库采用了传统的“土壤发生分类”系统,基本制图单元为亚类,共分出 12 个土纲、61 个土类、227 个亚类;各个土壤亚类的平均碳密度数值引自李克让(2002)核算的中国第二次土壤普查土壤碳库数据,李克让(2002)整理的土壤类型碳密度共计 213 个亚类,相对于 1∶100 万中国土壤数据库而

表6-4 不同情景下各省省区生态系统平均植被碳密度值

省/区 (Mg/km²)	情景1 森林	灌丛	荒漠	草地	沼泽	情景2 森林	灌丛	荒漠	草地	沼泽	情景3 森林	荒漠	草地	沼泽
安徽省	4752.71	901.51		340.00		4776.88			340.00		4776.88		340.00	
川渝	3938.28	1399.35		206.35		4270.68	1700.00	113.78	201.77		4323.33		206.35	
福建省	4610.21	1700.00		340.00		4671.91			340.00		4671.91		340.00	
甘宁	4271.15	686.36	100.00	197.96	370.00	4478.68		100.00	198.02	370.00	4492.43	100.00	197.96	370.00
广西	3803.87	1700.00		340.00		4293.04	1700.00		340.00		4289.79		340.00	
贵州省	3880.51	1700.00		340.00		4965.73			340.00		4965.73		340.00	
河南省	4545.11	620.00		338.63		4470.13			325.37		4458.81		338.63	
黑龙江	4739.43	621.47		209.35	370.00	4728.85	620.00		209.35	370.00	4728.87		209.35	370.00
湖北省	4698.71	979.67				4663.12					4663.12			
湖南省	3365.69	1700.00				4515.66					4515.66			
沪宁	4430.11	620.00		340.00	370.00	4429.51			340.00	370.00	4429.51		340.00	370.00
吉林	4618.20	620.00		210.00	370.00	4652.60	620.00		214.21	370.00	4650.53		210.00	370.00
江西省	4407.99	1700.00			370.00	4585.13				370.00	4585.13			370.00
京津冀	4490.70	620.00	112.91	308.78	370.00	4435.38		112.91	302.82	370.00	4468.89	112.91	308.78	370.00

（续表）

省/区 (Mg/km²)	情景 1					情景 2					情景 3			
	森林	灌丛	荒漠	草地	沼泽	森林	灌丛	荒漠	草地	沼泽	森林	荒漠	草地	沼泽
辽宁	4563.78	620.00		236.77	370.00	4586.03	620.00		257.69	370.00	4563.37		236.77	370.00
内蒙古	4791.18	625.67	100.00	210.54	370.00	4810.96	620.00	100.00	220.87	370.00	4731.67	100.00	210.54	370.00
青海	5251.65	444.67	101.12	185.45	370.00	6278.50		100.97	184.22	370.00	3984.80	101.12	185.45	370.00
山东省	4742.48	620.00		297.10	370.00	4669.72	620.00		291.40	370.00	4610.90		297.10	370.00
山西省	4757.77	620.00		255.47		4521.66			264.93		4523.24		255.47	
陕西省	3979.76	644.41		259.95	370.00	4235.24		100.00	252.79	370.00	4244.87		259.95	370.00
西藏	3350.46	447.88	115.35	183.58		4211.83	979.50	115.74	182.47		3958.30	115.35	183.58	
新疆	4685.76	523.72	102.79	196.68	370.00	4747.57	638.60	103.56	196.15	370.00	4088.13	102.79	196.68	370.00
粤琼	4683.56	1698.46		340.00		5046.07	1699.25		340.00		4966.77		340.00	
云南省	3721.74	1679.59		338.80		4298.22	1697.51		329.65		4249.18		338.80	
浙江省	4156.27	1698.86				4684.95	1700.00				4683.85			

言,缺少了白浆化棕色针叶林土、表潜黄壤、粗骨土、含盐石质土、灰化暗棕壤、漂灰土、石灰土、石质土、水稻土、盐化灌淤土、盐化寒钙土、盐化黑钙土、盐土和紫色土共计 14 个亚类的土壤碳密度数值,针对这部分缺少的数据采用赖力(2010)提出的对应土类平均碳密度值替代,具体见附表 B。

人类土地利用活动(森林砍伐、开垦耕地、植树造林等)通过改变土壤的分布格局、理化性质、呼吸速率、有机质输入等影响土壤生态系统的碳储量和土壤碳密度(周涛、史培军,2006;杨玉盛等,2007;Lai et al.,2016)。一般情况下,毁林开荒、围湖造田会造成土壤碳储量和碳密度减小,而退耕还林、还草、植树造林等会增大土壤碳储量和碳密度(彭文英等,2006;揣小伟等,2011;Deng et al.,2014;He et al.,2012)。在计算各个研究区历史自然植被状态下的土壤平均碳密度时,必须考虑人类活动对土壤有机碳蓄积量的影响。已有研究表明,将灌木植被演替为人工乔木时,10 年间的土壤碳密度改变率为 0.230 kg/(m² · a)(沈亚婷等,2012);自然条件和耕作条件一定的情况下,自然生态系统开垦为耕地后,由于土壤有机碳输入的减少和土壤扰动引起土壤碳分解的增加,20 年内土壤有机碳迅速下降 20% 左右,随后缓慢下降达到新的平衡,这一过程可持续 20 ~ 50 年(Janzen et al.,1997;Stenvensen,1994),毁林或改变林地利用现状最终会造成 20%~50% 的土壤有机碳损失(Eswaran & Wan,1993;Post & Kwon,2000;Follet,2001);草地开垦为耕地后,在 40 年的连续耕作下土壤有机碳密度下降在 20%~40%(王艳芬等,1998;Bo et al.,2003);荒漠开垦为人工绿洲后的 50 年连续耕作条件下,土壤有机碳密度与原始荒漠状态相比增长 7.74%(许文强等,2010);沼泽开垦为耕地后的 30~40 年内土壤有机碳趋于相对稳定,1 m 深土体有机碳减少高达 77%~87%(苏艳华、黄耀,2008);此外,森林收获或者弃垦后种植次生林,在潮湿地区、干旱地区土壤有机碳蓄积量分别在 30 年、50 年内可恢复到成熟林的 90%,而在热带、温带、寒带次生林有机碳能恢复到原先的 75% 和 90%(Lugo et al.,1986)。

考虑到人类活动干扰带来的土壤退化或土壤培肥,现代土壤碳密度较历史时期有了适度降低或增加。根据上述分析,历史自然植被中的森林、灌丛、草地和沼泽开垦为耕地或收获森林产品时,土地碳密度值较原始植被状态将

有适度下降;而将荒漠垦殖为耕地,经过较长时间的持续耕作后,土壤碳密度
将适度上升。衔接重建的历史自然植被的三种情景,本研究设计了三套土壤
碳密度降低或升高的调整估算系数(见表 6-5)。

表 6-5　历史自然植被类型转变后造成的土壤碳密度变化

历史自然植被类型/%	情景 1(低损失)		情景 2(中损失)		情景 3(高损失)	
	人工植被	次生植被	人工植被	次生植被	人工植被	次生植被
森林	−20	−5	−35	−7.5	−50	−10
灌丛	−20	—	−35	—	−50	—
荒漠	7.74	—	7.74	—	7.74	—
草地	−20	—	−30	—	−40	—
沼泽	−77	—	−82	—	−87	—

注:负值表征人类活动干扰后土壤碳密度下降比例,正值相反。

根据前述土壤碳密度修正方案,对历史自然植被中转化为现代人工植被
(用于种植粮食和经济作物)和次生植被(主要是灌丛和萌生矮丛)的地块进
行土壤碳密度修正,将现代土壤碳密度恢复到未受人类活动干扰状态下,获
取各省区的土壤平均碳密度,具体步骤如下:

第一,将不同情景历史自然植被与现代土壤碳密度图层关联,将转变为
现代人工植被和次生植被所涉及的土壤地块按设定的修正方案进行土壤碳
密度数值修正;

第二,将不同情景下修正后的土壤碳密度数值与对应历史自然植被类型
的面积相乘,推算出相应情景下各省区不同植被类型下的土壤碳储量;

第三,用不同情景下各省区不同植被类型的土壤碳储量除以对应省区森
林、灌丛、荒漠、草地和沼泽的面积,得出各个省区不同植被类型下的土壤平
均碳密度。

(2)土壤碳密度结果

按国土面积 $916.30 \times 10^4 \text{km}^2$ 计算,现代自然植被和历史自然植被类型下
(情景 1、2、3),中国土壤碳储量分别为 94.02 Pg、97.28 Pg、100.54 Pg 和
103.87 Pg,对应 1 m 深土壤的平均碳密度分别为 10.26 kg/m²、10.62 kg/m²、
10.97 kg/m²、11.33 kg/m²,分布格局见图 6-7。图中显示土壤碳密度最高的

是森林土壤和高山灌丛土壤,其主要分布在东北地区和西南横断山脉处,东北地区地表植被茂盛,主要以针叶林和阔叶林为主,全年湿润低温,地表常有滞水,有机质分解较慢,使得土壤有机碳积累较高;青藏高原和横断山脉处气候寒冷多雨,地表植被大多以灌丛和萌生矮林为主,林下草皮层和腐殖质层发育较好,促进了有机质的不断累积。由于分别对农业植被和人工植被予以替换,情景1、2、3下土壤碳储量比现代自然植被下的土壤碳储量94.02 Pg分别高了3.26 Pg、6.42 Pg和9.85 Pg。结合前述的植被碳储量可知,在未有人类活动干扰的历史自然植被类型条件下,对应情景1、2、3的我国陆地生态系

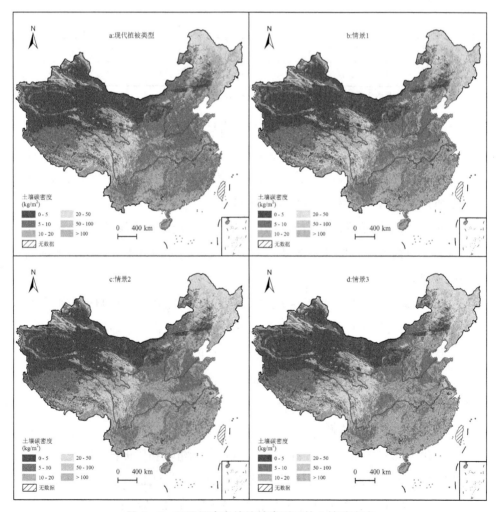

图6-7 不同历史自然植被类型下的土壤碳密度

审图号:GS(2016)1549号

统碳储量估算的低、中和高值分别为 111.13 Pg、118.65 Pg 和 124.77 Pg,其中土壤碳储量占总碳储量的 4/5 以上,而受人类活动干扰之后的现代陆地生态系统碳储量为 102.60 Pg,其中土壤碳储量占总碳储量的 90% 以上,由此来看土壤碳库是我国陆地生态系统中最大的碳库。

分植被类型来看,3 种情景下中国森林植被的土壤碳储量低值、中值和高值分别为 37.09 Pg、53.04 Pg 和 63.22 Pg,分别占土壤总碳储量的 38.13%、52.76% 和 60.87%,平均土壤碳密度分别为 13.92 kg/m²、14.05 kg/m² 和 14.01 kg/m²,碳密度差异不大,仅相差 0.13 kg/m²;灌丛和草地的土壤平均碳密度分别介于 10.52～10.98 kg/m²、11.73～12.16 kg/m²,估算的碳密度差异较大,差值分别为 0.46 kg/m²、0.43 kg/m²。分区域来看,相同植被类型的土壤平均碳密度省际相差较大;以情景 1 的估算结果为例,森林植被下的土壤平均碳密度较大者黑龙江(26.88 kg/m²)比最小者新疆(7.59 kg/m²)高了 19.29 kg/m²,灌丛植被下的土壤平均碳密度较大者黑龙江(20.10 kg/m²)比最小者新疆(6.28 kg/m²)高了 13.82 kg/m²,这种差异是由于东北地区主要以针叶林、针阔混交林为主,植被茂盛,气候湿润低温,植被生产力高,大量的凋落物给土壤碳库带了丰富的有机碳输入,而西北地区气候干冷少雨,植被稀疏,分解凋落物的土壤微生物活性较低,使得土壤有机质输入较少,土壤碳累积量较低。各省区具体的土壤碳密度见表 6-6。

6.3.4　干扰响应曲线

簿记模型通过刻画不同干扰情景下植被和土壤碳储量变化的响应曲线来记录土地利用/覆被变化引起的陆地生态系统碳储量变化。中国幅员辽阔,从南到北跨越了热带、亚热带、温带季风气候带和高原山地气候以及温带大陆性气候带,在设计响应曲线时需考虑到气候带差异的影响。参考 Houghton 等(1983)和李蓓蓓等(2012)的研究,本研究依据气候带空间格局,以保持行政区完整性为原则以及为简化气候带区划将研究区划分为亚热带和温带两个气候区,对应的植被生态系统分为森林、灌丛、荒漠、草地、沼泽和农田共六类,对应的人类干扰情景包括森林开垦(弃垦)、灌丛开垦(弃垦)、荒漠开垦(弃垦)、草地开垦(弃垦)、沼泽开垦、森林收获。

表 6 - 6 不同情景下土壤的平均碳密度

省/区 (Mg/km²)	情景1					情景2					情景3			
	森林	灌丛	荒漠	草地	沼泽	森林	灌丛	荒漠	草地	沼泽	森林	荒漠	草地	沼泽
安徽省	9.84	9.00		7.85		10.65			8.51		11.53		9.16	
川渝	13.28	12.52		21.24		13.21	7.01	2.56	21.04		14.12		21.25	
福建省	11.04	10.36		6.75		11.95			6.75		12.86		6.75	
甘宁	12.13	11.68	3.57	10.90	4.50	13.22		3.57	11.12	4.50	13.50	3.57	11.18	4.50
广西	11.06	10.44		12.00		11.36	11.34		12.00		11.68		12.00	
贵州省	12.65	11.71		12.84		12.79			12.84		13.20		12.84	
河南省	8.77	8.55		8.53		9.60			9.09		10.17		9.95	
黑龙江	26.88	20.10		16.30	24.61	26.73	18.07		16.92	24.61	28.00		17.53	24.61
湖北省	10.23	9.93				10.87					11.42			
湖南省	10.58	10.24				10.99					11.33			
沪宁	10.79	7.45		8.48	6.24	12.10			9.19	6.24	13.42		9.90	6.24
吉林	19.74	17.67		13.45	12.67	20.33	14.68		14.20	12.67	21.17		14.95	12.67
江西省	10.91	9.70		9.21	5.58	11.65			9.63	5.58	12.46		10.52	5.58
京津冀	11.34	9.67	8.02	9.21	5.58	11.83		8.02	9.63	5.58	11.55	8.02	10.52	5.58

（续表）

省/区 (Mg/km²)	情景 1					情景 2					情景 3			
	森林	灌丛	荒漠	草地	沼泽	森林	灌丛	荒漠	草地	沼泽	森林	荒漠	草地	沼泽
辽宁	14.40	11.57		10.07	10.76	15.00	6.95		10.23	10.76	15.52		11.19	10.76
内蒙古	25.26	8.45	3.11	9.71	18.41	24.68	4.38	3.15	9.19	18.41	17.81	3.11	9.84	18.41
青海	18.60	14.05	2.84	15.79	6.63	20.57		2.99	15.63	6.63	15.79	2.84	15.81	6.63
山东省	9.74	7.69		9.03	6.19	10.28	8.52		9.66	6.19	10.70		10.54	6.19
山西省	8.61	7.71		7.76		9.02			7.94		8.82		8.82	
陕西省	9.80	8.76	2.94	8.13	2.70	10.41		7.65	8.11	2.70	10.30	2.94	9.04	2.70
西藏	15.40	11.01		11.89		16.63	9.98	3.16	11.38		12.95		11.94	
新疆	7.59	6.28	3.61	11.58	5.04	7.91	9.03	3.72	11.74	5.04	7.21	3.61	11.60	5.04
粤琼	11.68	11.06		7.78		12.26	11.58		7.78		12.87		7.78	
云南省	11.72	10.10		10.54		11.48	9.27		10.75		11.66		10.54	
浙江省	11.63	9.92				12.17	7.86				13.00			

本研究所指的森林、灌丛、荒漠、草地和沼泽开垦(弃垦)是指历史自然植被开垦为耕地,在此过程中地表自然植被清除后一部分生物量以枯枝落叶形式遗留在原地后进入土壤,另一部分生物量被移走作为薪火、建筑用材和家具,移走生物量的利用方式、比例和氧化速率存在差异;土地被开垦为耕地后进入土壤的有机碳减少,耕作土壤不断被翻耕搅动加大了土壤有机碳流失,进入土壤的植物残体量和分解损失量的平衡被打破,经过若干年的耕作后土壤碳储量到达一个新的平衡。而弃垦是放弃耕作而转移为其他用地,这时地表植被逐渐恢复,进入土壤的凋落物不断增多,土壤碳密度逐步恢复到最初的状态。森林收获通过收获地上植物生物体从而迅速降低植被碳储量,收获行为本身不会对土壤有机碳储量造成太大影响,但是林产品收获改变了林下的生物地球化学循环,减少了进入土壤的有机碳源,此外地上植被的消失加剧了雨水的冲刷和侵蚀作用,会造成土壤碳储量发生显著变化。

为衔接不同历史自然植被覆盖重建情景,估算出土地利用变化导致的碳收支的最大最小值和适中值,对不同历史自然植被覆盖重建情景分别建立森林开垦(弃垦)、灌丛开垦(弃垦)、荒漠开垦(弃垦)、草地开垦(弃垦)、沼泽开垦、森林收获六种干扰情景下不同气候带的三套植被和土壤响应曲线(见表6-7)。其中,温带地区的植被和土壤响应曲线引用了李蓓蓓(2012)推算近300 年东北地区土地利用变化的碳排放响应时提出的方案;亚热带地区的植被和土壤响应曲线参考簿记模型里中国区亚热带森林、灌丛、草地三种生态系统的响应曲线参数(Houghton & Hackler, 2003);簿记模型中没有给出荒漠和沼泽开垦的干扰响应曲线参数,本研究中荒漠开垦的干扰曲线参考王渊刚等(2013, 2014)推算近50 年新疆玛纳斯河流域土地利用变化和新疆耕地变化对区域碳平衡影响时提出的开垦荒漠和裸地响应曲线;考虑到亚热带地区的沼泽开垦比例十分小,同时对沼泽开垦造成的植被和土壤碳储量变化的已有相关研究较少,故亚热带地区的沼泽开垦响应曲线参数依旧参考温带地区,且没有设计沼泽弃垦(李蓓蓓,2012);参考葛全胜等(2008a)的研究,清理后10 年内遗留下来的枯枝落叶腐烂后全部进入土壤的有机碳库。设计的响应曲线参数情景1、情景2 和情景3 分别视为土地利用变化导致的碳排放的最小值、适中值和最大值,计算碳排放时采用的土地利用类型面积、植被和碳密度数据分别是历史自然植被重建情景 1、情景 2 和情景 3 下的数据。

表 6-7　不同情景下植被和土壤响应曲线参数

类　别		亚热带			温带		
		情景 1	情景 2	情景 3	情景 1	情景 2	情景 3
初始值	植被碳密度	—	—	—	—	—	—
	土壤碳密度	—	—	—	—	—	—
	农作物碳密度	—	—	—	—	—	—
森林	清理后枯枝落叶的残留比例(%)	50	50	50	33	33	33
	清理后移走植被不同氧化速率的比例(%)	50	50	50	67	67	67
	1 年	40	40	40	40	40	40
	10 年	10	10	10	20	20	20
	100 年				7	7	7
	清理后土壤有机碳快速下降量(%)	20	20.29	40	16	20.15	40
	清理后土壤有机碳快速下降所需年限(年)	3	3	3	15	15	15
	清理后土壤有机碳减少的最大量(%)	20	24.63	50	20	24.63	50
	清理后土壤有机碳减少到最大量所需年限	20	45	50	45	45	45
	退耕后植被碳密度恢复水平(%)	100	100	75	74.1	74.1	75
	退耕后植被恢复所需年限(年)	25	25	25	50	50	50
	退耕后土壤碳密度恢复水平(%)	100	100	95	95	95	90
	退耕后土壤恢复所需年限(年)	15	15	15	40	40	40
灌丛	清理后枯枝落叶的残留比例(%)	50	50	50	50	50	50
	清理后移走植被不同氧化速率的比例(%)	50	50	50	50	50	50
	1 年	40	40	40	50	50	50
	10 年	10	10	10			
	清理后土壤有机碳快速下降量(%)	16	20.29	32	16	20.29	32
	清理后土壤有机碳快速下降所需年限(年)	3	3	3	3	3	3
	清理后土壤有机碳减少的最大量(%)	20	24.64	40	20	24.64	40
	清理后土壤有机碳减少到最大量所需年限	15	15	15	15	15	15
	退耕后植被碳密度恢复水平(%)	100	100	100	100	100	100
	退耕后植被恢复所需年限(年)	25	25	25	50	50	50
	退耕后土壤碳密度恢复水平(%)	100	100	100	100	100	100
	退耕后土壤恢复所需年限(年)	45	45	45	45	45	45

（续表）

类　别		亚热带			温带		
		情景1	情景2	情景3	情景1	情景2	情景3
荒漠	清理后枯枝落叶的残留比例（%）	49	49	49	49	49	49
	清理后移走植被进入1年分解库的比例（%）	51	51	51	51	51	51
	清理后土壤有机碳快速增加量（%）	23.15	23.15	23.15	23.15	23.15	23.15
	清理后土壤有机碳快速增加所需年限（年）	5	5	5	5	5	5
	清理后土壤有机碳增加的最大量（%）	28.94	28.94	28.94	28.94	28.94	28.94
	清理后土壤有机碳增加到最大量所需年限	10	10	10	10	10	10
	退耕后植被碳密度恢复水平（%）	100	100	100	100	100	100
	退耕后植被恢复所需年限（年）	1	1	1	1	1	1
	退耕后土壤碳密度恢复水平（%）	100	100	100	100	100	100
	退耕后土壤恢复所需年限（年）	10	10	10	10	10	10
草地	清理后植被进入当年分解库的比例（%）	100	100	100	100	100	100
	清理后土壤有机碳快速下降量（%）	16	19.05	32	16	20.11	32
	清理后土壤有机碳快速下降所需年限（年）	3	3	3	15	15	15
	清理后土壤有机碳减少的最大量（%）	4	23.81	40	4	24.87	40
	清理后土壤有机碳减少到最大量所需年限	15	15	15	45	45	45
	退耕后植被碳密度恢复水平（%）	100	100	100	100	100	100
	退耕后植被恢复所需年限（年）	5	5	5	10	10	10
	退耕后土壤碳密度恢复水平（%）	100	100	100	100	100	100
	退耕后土壤恢复所需年限（年）	15	15	15	45	45	45
沼泽	清理后植被进入当年分解库的比例（%）	100	100	100	100	100	100
	清理后土壤有机碳快速下降量（%）	69.11	69.11	69.11	69.11	69.11	69.11
	清理后土壤有机碳快速下降所需年限（年）	7	7	7	7	7	7
	清理后土壤有机碳减少的最大量（%）	77.22	77.22	77.22	77.22	77.22	77.22
	清理后土壤有机碳减少到最大量所需年限	20	20	20	20	20	20
	退耕后植被碳密度恢复水平（%）	100	100	100	100	100	100
	退耕后植被恢复所需年限（年）	2	2	2	2	2	2

　　为估算森林收获造成的生态系统碳净储量变化,依据上述思路构建了三套亚热带和温带地区的森林收获响应曲线(见表 6-8),设计的响应曲线参数情景 1、情景 2 和情景 3 分别视为森林收获后导致的碳排放的最小值、适中值和最大值。

表 6-8　森林收获响应曲线参数

类　别		亚热带			温带		
		情景 1	情景 2	情景 3	情景 1	情景 2	情景 3
初始值	植被碳密度	—	—	—	—	—	—
	土壤碳密度	—	—	—	—	—	—
	灌丛碳密度	—	—	—	—	—	—
森林	收获后枯枝落叶的残留比例(%)	17	17	17	40	40	40
	收获后移走植被不同氧化速率的比例(%)	83	83	83	60	60	60
	1 年	42	42	42	20	20	20
	10 年	6	6	6	30	30	30
	100 年	35	35	35	10	10	10
	枯枝落叶的分解年限(年)	33	33	33	33	33	33
	收获后土壤有机碳下降量(%)	19.4	35.04	50	20	30	50
	收获后土壤有机碳下降到最小值所需年限(年)	50	50	50	50	50	50

　　其中,温带地区的响应曲线参数参考了李蓓蓓(2012)和葛全胜等(2008a)的相关研究;亚热带地区森林收获后进入不同年限分解库的比例系数参考了王渊刚等(2014)和陈耀亮等(2015)的研究成果。温带地区森林收获后土壤有机碳下降量按采伐后 50 年内分别下降 20%、30% 和 50% 进行估算,亚热带地区森林收获后土壤有机碳下降量参考 Houghton(1983)的研究,按采伐后 50 年内分别下降 19.4%、35.04% 和 50% 进行估算。森林收获后次生植被类型会影响结果的估算准确性,考虑到森林收获后生态系统的自然恢复和人工造林后成长为成熟林耗时 40～100 年之久,本研究假设森林收获后的次生植被为灌丛和萌生矮林。

6.4 碳排放核算结果

6.4.1 土地开垦引起的碳排放量

土地开垦引起的陆地生态系统碳排放总量包括前述的植被碳排放量和土壤碳排放量,将两者叠加后得到 1661—1952 年中国土地开垦活动对陆地生态系统的碳排放总量,结果见图 6-8 和表 6-9。在情景 1、2 和 3 中,核算得到 1661 年以来中国土地开垦活动造成的碳排放总量分别为 2.66 Pg、3.16 Pg 和 5.63 Pg。

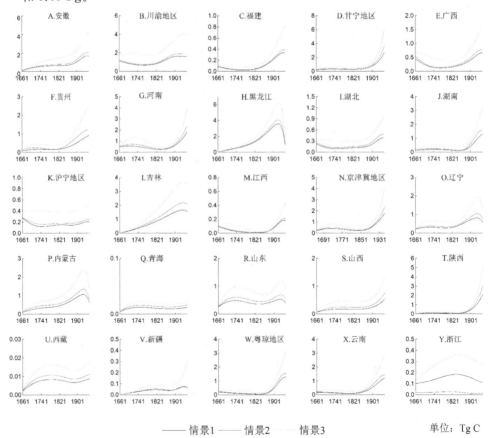

——情景1 —— 情景2 　情景3　　　　　　　单位:Tg C

图 6-8　1661—1952 年分省/区土地开垦引起的碳排放变化

表6-9　近300年来土地开垦引起的各省区植被和土壤碳排放量(单位：Pg C)

省/区	情景1			情景2			情景3		
	植被	土壤	小计	植被	土壤	小计	植被	土壤	小计
安徽省	-0.1698	0.0069	-0.1629	-0.1933	-0.0066	-0.1999	-0.1933	-0.2244	-0.4177
川渝	-0.2100	-0.0934	-0.3034	-0.2436	-0.0897	-0.3333	-0.2466	-0.4521	-0.6987
福建省	-0.0213	-0.0007	-0.0220	-0.0222	-0.0034	-0.0256	-0.0222	-0.0309	-0.0531
广西	-0.0576	-0.0158	-0.0734	-0.0722	-0.0130	-0.0852	-0.0722	-0.0992	-0.1714
贵州省	-0.0400	-0.0365	-0.0765	-0.0870	-0.0137	-0.1007	-0.0870	-0.1149	-0.2019
湖北省	-0.0403	-0.0025	-0.0428	-0.0500	-0.0026	-0.0526	-0.0500	-0.0578	-0.1078
湖南省	-0.0464	-0.0235	-0.0699	-0.0773	-0.0090	-0.0863	-0.0773	-0.0936	-0.1709
沪宁	-0.0447	-0.0021	-0.0468	-0.0447	-0.0118	-0.0565	-0.0447	-0.0755	-0.1202
江西省	-0.0118	-0.0012	-0.0130	-0.0128	-0.0019	-0.0147	-0.0128	-0.0176	-0.0304
粤琼	-0.0437	-0.0113	-0.0550	-0.0563	-0.0097	-0.0660	-0.0572	-0.0743	-0.1315
云南省	-0.0416	-0.0251	-0.0667	-0.0640	-0.0175	-0.0815	-0.0641	-0.0942	-0.1583
浙江省	-0.0345	-0.0079	-0.0424	0.0000	-0.0049	-0.0049	-0.0360	-0.0509	-0.0869
甘宁	-0.0702	-0.0602	-0.1304	-0.0877	-0.0818	-0.1695	-0.0911	-0.1857	-0.2768
河南省	-0.1008	-0.0455	-0.1463	-0.1134	-0.0715	-0.1849	-0.1154	-0.1874	-0.3028
黑龙江	-0.1019	-0.3794	-0.4813	-0.1128	-0.4233	-0.5361	-0.1128	-0.6511	-0.7639
吉林	-0.1053	-0.1436	-0.2489	-0.1327	-0.1836	-0.3163	-0.1335	-0.3980	-0.5315

（续表）

省/区	情景 1			情景 2			情景 3		
	植被	土壤	小计	植被	土壤	小计	植被	土壤	小计
京津冀	-0.0469	-0.0735	-0.1204	-0.0496	-0.0957	-0.1453	-0.0585	-0.1728	-0.2313
辽宁	-0.0799	-0.0482	-0.1281	-0.0863	-0.0701	-0.1564	-0.0891	-0.1774	-0.2665
内蒙古	-0.0452	-0.1183	-0.1635	-0.0581	-0.1533	-0.2114	-0.0815	-0.2659	-0.3474
青海	-0.0009	-0.0023	-0.0032	-0.0014	-0.0028	-0.0042	-0.0010	-0.0048	-0.0058
山东省	-0.0669	-0.0652	-0.1321	-0.0718	-0.0933	-0.1651	-0.0803	-0.1859	-0.2662
山西省	-0.0235	-0.0341	-0.0576	-0.0339	-0.0452	-0.0791	-0.0542	-0.0900	-0.1442
陕西省	-0.0301	-0.0274	-0.0575	-0.0455	-0.0300	-0.0755	-0.0495	-0.0710	-0.1205
西藏	-0.0007	-0.0016	-0.0023	-0.0009	-0.0020	-0.0029	-0.0009	-0.0035	-0.0044
新疆	-0.0066	-0.0029	-0.0095	-0.0065	-0.0041	-0.0106	-0.0079	-0.0142	-0.0221
合计	-1.4406	-1.2153	-2.6559	-1.7240	-1.4405	-3.1645	-1.8391	-3.7931	-5.6322

注：负号表示碳源，正号表示碳汇。

　　不同情景下,由于森林面积、土壤和植被碳密度以及干扰响应曲线的差异,植被碳排放和土壤碳排放所占比例各有差异。情景 1 中,植被和土壤碳排放量分别为 1.44 Pg、1.22 Pg,分别占碳排放总量的 54.24%、45.76%,由于考虑了植被的枯枝落叶进入土壤,腐烂后增加了土壤的有机碳汇,安徽省的土壤碳库表现为碳汇;情景 2 中,植被和土壤碳排放量分别为 1.72 Pg、1.44 Pg,分别占碳排放总量的 54.58%、45.52%,新疆和西藏土地开垦大多为荒漠和灌丛,开垦荒漠会造成土壤有机碳的增加,故新疆和西藏的土壤碳排放总量较小;情景 3 中,植被和土壤碳排放量分别为 1.83 Pg、3.79 Pg,分别占碳排放总量的 32.65%、67.35%,由于情景 3 中森林土壤在开垦过程中有机碳损失量设定为 50%,故引起该情景下土壤碳排放所占比例大幅度提升。从区域尺度来看,西南的川渝地区,内蒙古和甘宁地区以及东北地区的黑龙江、吉林和辽宁等地随着时间推移,碳排放总量逐渐增大,新疆、西藏、青海由于地表植被分布较少,开垦的耕地主要来源于荒漠、草地和灌丛,故碳排放总量相对较少,且随着时间变化不显著,基本保持均匀的碳排放速率(见图 6-8)。

　　逐年分析土地开垦引起的碳排放可知(见图 6-8),情景 1、2 和 3 的碳排放总体趋势基本相似,但情景 2 的碳排放低于情景 3,而情景 1 的碳排放低于情景 2。1661—1887 年,情景 1 和 2 的年碳排放总量基本保持在较低水平,分别为年均 6.33 Tg 和 7.59 Tg,而此时情景 3 的年均碳排放总量较高,约为情景 1 和 2 的两倍,达到 13.65 Tg/a。1888 年至 1952 年,此阶段人口持续增长导致土地开垦规模不断扩大和植被长期分解库的不断累积,情景 1、2 和 3 下的年均碳排放总量有了大幅提升,分别达 18.41 Tg/a、22.19 Tg/a 和 38.99 Tg/a。此外,图 6-8 中部分省区在 1724—1820 年的年碳排放量相对 1661 年至 1724 年有了适度下降,分析数据发现可能存在两方面的原因:第一,清前中期社会和政权逐步稳定,清朝进入了康乾盛世阶段,人口和耕地开垦规模逐渐增大,而之后社会经济发展速度逐渐放缓,由此造成土地开垦的碳排放在前期较大;第二,在 1724 年至 1820 年的 100 年时间内没有更多的重建时间断面,造成了两期历史耕地数据的时间间隔相差过大,由此换算得到此时期的土地开垦年均增长率较低,故最终估算的年碳排放量有所下降。

　　就开垦导致的碳排放总量来看(见表 6-10),不同植被生态系统的开垦活动引起的碳排放量各异,其中森林植被开垦导致的碳排放量最大,其次是灌丛,沼泽和荒漠的碳排放总量相对较少。而土壤生态系统的碳排放存在碳源和碳汇的区别,其中森林、灌丛、草地和沼泽土壤在土地开垦过程中是碳源,而荒漠土壤由于本底碳密度较低,在开垦过程中随着土壤不断熟化、培肥和有机质的积累,荒漠土壤的有机碳库会逐渐增大,故在土地开垦过程中表现为碳汇。情景1、2和3中,森林植被开垦导致的碳排放占总碳排放的比例分别为45.05%、49.75%和30.15%,而森林土壤开垦导致的碳排放占总碳排放的比例分别为10.80%、17.89%和46.28%,表明森林生态系统的碳储量十分巨大,开垦会对碳排放造成较大影响,且森林植被的氧化分解时间较长,分解库中释放的有机碳具有长期累积效应,到后期累积的森林植被碳排放会越来越高。草地生态系统的开垦面积仅次于森林生态系统,由于草地植被的平均碳密度较低,在垦殖过程中对草地土壤的翻耕、破碎和自然雨水侵蚀作用,草地土壤的有机碳库被大量释放,使得草地的土壤碳排放量高于其植被碳排放,在情景1、2和3中土壤和植被碳排放比率分别达5.58、7.17和12.31。灌丛植被和土壤碳密度仅次于森林生态系统,但由于其开垦面积有限,在情景1和2中灌丛生态系统的碳排放量分别仅为0.32 Pg和0.01 Pg,分别占总碳排放量的12.12%和0.13%。荒漠植被和土壤的平均碳密度较低,且开垦规模较小,使得开垦荒漠植被的碳排放量仅为0.0016 Pg左右,但荒漠土壤有机碳库适度增加了0.0266 Pg左右。沼泽生态系统的有机碳主要贮存在土壤碳库中,沼泽土壤与植被碳排放的比率为5.0,沼泽的开垦释放的碳约为0.41 Pg。

表 6-10　不同情景下五种生态系统开垦引起的碳排放量(单位:Pg C)

生态系统		情景 1	情景 2	情景 3
植被	森林	−1.1964	−1.5744	−1.6982
	灌丛	−0.1035	−0.0015	—
	荒漠	−0.0016	−0.0017	−0.0016
	草地	−0.0707	−0.0779	−0.0707
	沼泽	−0.0684	−0.0684	−0.0684

（续表）

生态系统		情景 1	情景 2	情景 3
土壤	森林	−0.2869	−0.5660	−2.607
	灌丛	−0.2184	−0.0025	—
	荒漠	0.0266	0.0280	0.0266
	草地	−0.3946	−0.5582	−0.8706
	沼泽	−0.3420	−0.3420	−0.3420

6.4.2　森林收获引起的碳排放量

基于本研究重建的历史森林收获面积和森林收获响应曲线,应用簿记模型对近 300 年来森林收获引起的碳排放量进行核算,结果见表 6-11、图 6-9。从宏观层面来看,情景 1、2 和 3 下我国近 300 年来森林收获引起的碳排放总量分别为 6.49 Pg、12.47 Pg 和 21.20 Pg,其中植被碳排放量分别为 5.36 Pg、8.44 Pg 和 11.31 Pg,土壤碳排放量分别为 1.24 Pg、4.03 Pg 和 8.90 Pg,植被碳排放和土壤碳排放在各情景下各异,其比率分别为 4.34、2.09 和 1.14;森林收获引起的碳排放总量和植被/土壤碳排放比率各异的主要原因是重建历史自然植被情景和森林收获响应曲线存在差别,情景 3 中将所有的灌丛都替换成了森林,由此推算得出的森林收获面积远远大于情景 1;此外,情景 1、2 和 3 下森林收获后土壤有机碳下降量分别设定为 20%、30% 和 50%,使得土壤碳排放总量不断增大,最终引起植被/土壤碳排放比率不断减小。从区域层面来看,不同情景下各个省区的植被和土壤碳排放总量存在较大差异,情景 1 中的川渝地区、广西、云南、江西以及内蒙古和黑龙江的碳排放总量较大,而浙江、京津冀和山西较少,且由于森林收获后的枯枝落叶腐烂进入土壤,增加了土壤有机碳来源,因此河南、山东、山西和新疆的土壤有机碳库表现为碳汇;情景 2 中,除江西的碳排放总量变化不大外,川渝、广西、云南和内蒙古的碳排放总量增幅加大,且贵州、湖南和湖北的碳排放总量有了较大增幅,主要原因在于情景 2 中将情景 1 内的部分灌丛替换成了森林,增大了森林收获面积;相较于情景 1 和 2,情景 3 中西藏、内蒙古和青海的碳排放增幅巨大,总量分别达 3.10 Pg、1.74 Pg 和 1.14 Pg,分析历史自然植被图,上述地区在现代自然植被图中分布了大量的灌丛和萌生矮林,情景3中将这类植被全部替换为森林,大大提高了该地区的森林收获估算值,使得西藏、内蒙古和青海的碳排放总量明显增大。

表6-11 不同情景下近300年来我国森林收获引起的碳排放量(单位:Pg C)

省/区	情景1			情景2			情景3		
	植被	土壤	小计	植被	土壤	小计	植被	土壤	小计
安徽	−0.2841	−0.0445	−0.3286	−0.3622	−0.1522	−0.5144	−0.3622	−0.2594	−0.6216
川渝	−0.5777	−0.1741	−0.7518	−0.7473	−0.4303	−1.1776	−0.8869	−0.8223	−1.7092
福建	−0.2063	−0.0421	−0.2484	−0.2240	−0.1141	−0.3381	−0.2240	−0.1904	−0.4144
广西	−0.5462	−0.1324	−0.6786	−0.7714	−0.3647	−1.1361	−0.7725	−0.5782	−1.3507
贵州	−0.1146	−0.0325	−0.1471	−0.6426	−0.2918	−0.9344	−0.6426	−0.4648	−1.1074
湖北	−0.2270	−0.0381	−0.2651	−0.4150	−0.1821	−0.5971	−0.4150	−0.2982	−0.7132
湖南	−0.2137	−0.0602	−0.2739	−0.4624	−0.2038	−0.6662	−0.4624	−0.3256	−0.7880
沪宁	−0.2107	−0.0426	−0.2533	−0.2126	−0.1133	−0.3259	−0.2126	−0.1944	−0.4070
江西	−0.3319	−0.0705	−0.4024	−0.3812	−0.1904	−0.5716	−0.3812	−0.3155	−0.6967
粤琼	−0.3562	−0.0721	−0.4283	−0.5235	−0.2342	−0.7577	−0.5464	−0.4063	−0.9527
云南	−0.3963	−0.1066	−0.5029	−0.8226	−0.3891	−1.2117	−0.8467	−0.6327	−1.4794
浙江	−0.0731	−0.0186	−0.0917	−0.1154	−0.0588	−0.1742	−0.1156	−0.0972	−0.2128
甘宁	−0.1408	−0.0188	−0.1596	−0.2226	−0.0905	−0.3131	−0.2613	−0.2450	−0.5063
河南	−0.1049	0.0031	−0.1018	−0.1831	−0.0344	−0.2175	−0.2044	−0.1240	−0.3284
黑龙江	−0.2736	−0.1219	−0.3955	−0.3608	−0.2962	−0.657	−0.3613	−0.6021	−0.9634
吉林	−0.0943	−0.0243	−0.1186	−0.1276	−0.0716	−0.1992	−0.1300	−0.1566	−0.2866
京津冀	−0.0780	−0.0055	−0.0835	−0.1713	−0.0547	−0.226	−0.2628	−0.1926	−0.4554
辽宁	−0.1310	−0.0177	−0.1487	−0.1780	−0.0702	−0.2482	−0.2035	−0.1889	−0.3924
内蒙古	−0.2983	−0.1487	−0.447	−0.3676	−0.3253	−0.6929	−0.8048	−0.9323	−1.7371
青海	−0.0288	−0.0072	−0.036	−0.0478	−0.0232	−0.071	−0.4858	−0.6506	−1.1364
山东	−0.0726	0.0004	−0.0722	−0.0884	−0.0184	−0.1068	−0.1080	−0.0686	−0.1766
山西	−0.0560	0.0025	−0.0535	−0.173	−0.0277	−0.2007	−0.2638	−0.1285	−0.3923
陕西	−0.1195	−0.0079	−0.1274	−0.2906	−0.0803	−0.3709	−0.3432	−0.2352	−0.5784
西藏	−0.1731	−0.0767	−0.2498	−0.2953	−0.1995	−0.4948	−1.4988	−1.6047	−3.1035
新疆	−0.2482	0.0214	−0.2268	−0.2557	−0.0137	−0.2694	−0.5092	−0.1816	−0.6908
合计	−5.3569	−1.2356	−6.4925	−8.4420	−4.0305	−12.4725	−11.3050	−9.8957	−21.2007

注:负号表示碳源,正号表示碳汇。

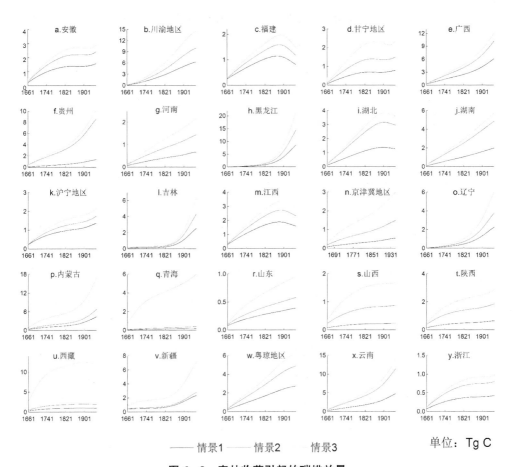

—— 情景1 ——— 情景2 　　情景3

单位：Tg C

图 6 - 9　森林收获引起的碳排放量

从碳排放的时序变化来看，情景 1、2 和 3 下森林收获引起的碳排放总量随时间在不断增长，研究时段内年均碳排放量分别为 0.0227 Pg、0.0429 Pg 和 0.0729 Pg；1661—1724 年，由于森林收获面积较小且森林植被长期分解库的累积效应不明显，该时段的年均森林收获碳排放量均低于研究时段内的均值，仅为 0.0066 Pg、0.0120 Pg 和 0.0251 Pg；到 1933—1952 年，随着年均森林收获面积的不断增加和森林植被长期分解库的累积碳不断增加，该时段的年均碳排放量分别达 0.0530 Pg、0.0993 Pg 和 0.1579 Pg。

从分省/区碳排放时序变化来看，除了福建和江西的年均碳排放总量呈现先增后减的趋势外，其余省/区的年均碳排放总量都呈现不断增大的趋势，在清后期和民国时期，这些省/区森林收获面积持续增加和森林植被的长期分解库的累积碳排放不断增加,造成年均森林生态系统碳排放总量在不断增加。不同情景下,分省/区的年均碳排放量的增速各有差异,由于情景 3 将所有的灌丛和萌生矮林等次生植被替换成了森林,扩大了各省/区的森林收获面积,使得情景 3 的碳排放增速明显高于情景 1 和情景 2,这种差异最为明显的区域是现代植被分布中拥有灌丛植被较多的川渝地区、贵州、京津冀、内蒙古、青海、西藏、山西和新疆等地。

6.4.3　土地利用变化引起的碳排放量

分别汇总情景 1、2 和 3 下的土地开垦与森林收获引起的碳排放量,可得近 300 年来中国土地利用变化引起的碳排放总量分别为 9.25 Pg、15.64 Pg 和 26.83 Pg,其中植被碳排放总量分别为 6.80 Pg、10.17 Pg 和 13.14 Pg,土壤碳排放总量分别为 2.45 Pg、5.47 Pg 和 13.69 Pg,植被碳排放与土壤碳排放比率分别为2.77、1.86 和 0.96。情景 1 和 2 下的植被碳排放高于土壤碳排放,而情景 3 由于森林土壤碳损失率设定为 50%,故得出植被碳排放略低于土壤碳排放。由于重建的历史自然植被情景、干扰响应曲线参数设定和气候带划分各异,从碳排放的不同来源来看,土地开垦和森林收获对区域碳排放总量的贡献率略有差别,情景 1、2 和 3 下土地开垦引起的碳排放占区域总碳排放的比例分别为28.71%、20.24% 和 20.99%,各个情景下森林收获引起的碳排放总量对区域碳排放的贡献达八成左右,这表明近 300 年来中国土地利用活动导致的碳排放的主要来源是森林砍伐。

从时序来看,由于森林收获造成的碳排放总量相对土地开垦排放的要高,故各省/区农林地引起的年均碳排放量总体趋势跟森林收获的碳排放趋势基本一致(见图 6-9 和图 6-10),大体呈现清前期较低,而清中后期、民国时期和中华人民共和国成立时期的碳排放总量持续增大。其中,土地开垦历史较晚、新垦规模较大的东北地区的黑龙江、吉林、辽宁和西南地区的云南、川渝、贵州的年均碳排放增速显著高于其余各省/区。

分析本研究构建的历史自然植被重建情景,情景 1 中仅将种植粮食和经济作物的人工植被替换成潜在自然植被,但并未考虑灌丛和萌生矮林等植被可能是受人类活动影响的森林植被演替而来的次生植被,这种情景下估算的

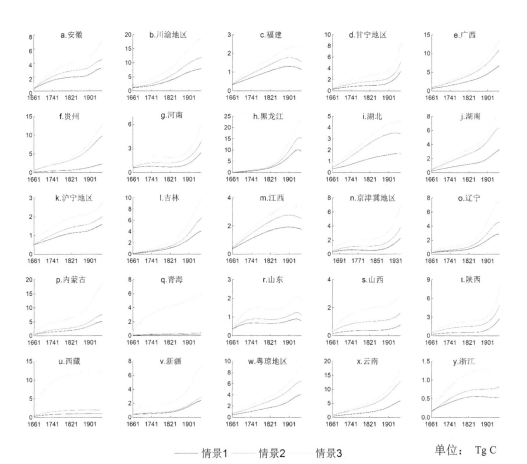

——情景1 ——情景2 ——情景3　　　　　　单位：　Tg C

图 6-10　分省/区农林地引起的碳排放总量

碳排放总量可视为估算下限;情景 3 在情景 1 的基础上将所有的灌丛和萌生矮林植被替换成了森林植被,事实上青藏高原、横断山脉和天山南北山脉等地人迹罕至,历史上都未曾有过森林开垦和砍伐等活动,故这种情景高估了人类活动的影响范围和程度,可认为是碳排放总量估算的上限;而情景 2 综合考虑了人类活动的农业开垦和森林砍伐,对农业植被和部分次生植被进行了替换,故可认为这是碳排放总量的适中值。由此来看,近 300 年来土地开垦导致的碳排放总量介于 2.66~5.63 Pg,适中估计值为 3.16 Pg;森林开垦引起的碳排放总量介于 6.49~21.20 Pg,适中估计值为 12.47 Pg;最终得到近 300 年来中国土地利用导致的碳排放总量介于 9.25~26.83 Pg,适中估计值为 15.64 Pg。

6.5 研究结果对比分析

国内外学者对中国近 300 年来土地利用引起的碳排放进行了估算,比较有影响力的有 Houghton 和 Hackler(2003)、葛全胜等(2008a)和李蓓蓓 (2012)。Houghton 和 Hackler(2003)将中国分为 6 个研究区,分别估算了近 300 年来参考情景、早期情景、晚期情景、土壤情景下的碳排放总量;葛全胜等 (2008a)以省为研究单元,采用簿记模型核算了近 300 年来中国土地利用引起的碳排放;李蓓蓓(2012)以东北三省为研究对象,核算了土地开垦和森林砍伐引起的碳排放。为进一步分析本研究结果与上述学者的研究结果的差异,对其进行对比分析,结果见表 6‑12 和表 6‑13。

表 6‑12 不同学者估算的中国土地利用变化引起的碳排放结果对比分析(单位:Pg C)

Houghton		葛全胜		本书结果				
					土地垦殖			森林砍伐
				情景	合计	植被	土壤	
晚期情景	−33.4	植被碳排放	−3.7	情景	合计	植被	土壤	森林砍伐
参考情景	−31.9	土壤碳排放	高值	−5.84	高值	−5.63	−1.84	−3.79	−21.20
土壤情景	−26.8		适中值	−2.48	适中值	−3.16	−1.72	−1.44	−12.47
早期情景	−17.1		低值	−0.8	低值	−2.66	−1.44	−1.22	−6.49

表 6‑13 东北三省碳排放结果对比分析(单位:Pg C)

李蓓蓓					本书结果				
土地垦殖				森林砍伐	土地垦殖				森林砍伐
情景	合计	植被	土壤		情景	合计	植被	土壤	
高值	−2.59	−0.65	−1.94	−2.27	高值	−1.56	−0.34	−1.23	−1.64
适中值	−1.45	−0.45	−1.00	−0.34	适中值	−1.01	−0.33	−0.68	−1.10
低值	−1.06	−0.24	−0.82	−0.11	低值	−0.86	−0.29	−0.57	−0.66

分析表 6‑12 可知:Houghton 研究认为过去 300 年来中国土地利用导致陆地生态系统向大气释放了 17.1～31.90 Pg C;葛全胜采用类似的方法核算

的碳排放量介于 4.50～9.54 Pg,最佳估算值为 6.18 Pg;而本书采用簿记模型估算的土地垦殖碳排放介于 2.66～5.63 Pg,森林开垦引起的碳排放总量介于 6.49～21.20 Pg,得出中国近 300 年来土地利用导致的碳排放总量介于 9.25～26.83 Pg,适中估计值为 15.64 Pg。Houghton 基于全球土地利用变化数据库估计的 1700 年森林面积高达 $322×10^4 km^2$,比葛全胜的研究和本研究估计的森林规模高了 1/3,且采用的土壤和植被碳密度数据为全球性数据,故对中国区的估算结果总体偏大。葛全胜的估算方案简化了干扰情景,认为土地开垦全部来源于森林植被,未对森林以外的生态系统开垦造成的碳排放进行核算,而森林生态系统的植被和土壤碳密度水平显著高于灌丛、荒漠、草地和沼泽生态系统,用同样的方法核算的干扰情景简化为森林开垦时的碳排放量会比综合考虑森林、灌丛、荒漠、草地和沼泽生态系统被开垦的情景高估 78% 左右(李蓓蓓,2012);此外,葛全胜的估算结果中包含了近 300 年来森林收获造成的碳排放,其核算的最终结果显著低于本研究的可能原因是在核算森林收获造成的碳排放时,本研究采用的森林收获面积是参考李蓓蓓(2012)的研究中给出的计算方案进行推算得出的,这种面积扣减法可能显著高估森林收获面积,故最终造成森林收获碳排放总量被高估。

分析表 6-13 可知:李蓓蓓(2012)以县为研究单元估算的东北三省土地垦殖活动造成的碳排放量介于 1.06～2.59 Pg,适中值为 1.45 Pg,其适中值与本研究核算的高值十分接近,仅相差 7.84%,其估计低值和高值均高于本研究的估计结果,两者相差分别高达 19.14%、39.67%;李蓓蓓(2012)估算的土地垦殖造成的植被和土壤碳排放量分别介于 0.24～0.65 Pg、0.82～1.94 Pg,适中值分别为 0.45 Pg、1.00 Pg,其估算的植被碳排放低量与本研究估算结果相差仅 0.05 Pg,而估算的适中值和高值都显著高于本研究的估算结果;此外,其估算的土壤碳排放低值、适中值与本研究估算结果分别相差 30.55%、32.44%,而两者之间的估算高值相差高达 36.63%。李蓓蓓估算的东北地区森林砍伐造成的碳排放量介于 0.11～2.27 Pg,适中值为 0.34 Pg,其低值和适中值均低于本研究的估算值,但其估算的高值比本研究的估算结果高了 27.65%。李蓓蓓(2012)认为使用分省数据会导致区域碳排放量比分县数据高 11%,其中植被和土壤碳排放量会分别高估 29%、3%,而估算结果高于本书的可能原因是李蓓蓓（2012）构建历史自然植被时采用的信息记录点的空间尺度约为 60 km×60 km，大小相当于平均的县域面积，线状记录采用的是 30 km 的缓冲区，这种处理方式会造成历史自然植被大面积的均值化现象，进而导致估算耕地开垦占用各类生态系统的面积发生较大变化，此外，两者在研究尺度、耕地开垦面积估算、植被和土壤碳密度数据以及干扰响应曲线等方面的差异都会引起研究结果之间的差异。

6.6　小　结

本章将现代自然植被中的人工植被和次生植被逐步用潜在自然植被类型予以替换后，构建不同情景下的未有人类活动干扰的历史自然植被空间分布格局，并依据情景设定分别修正植被和土壤碳密度参数，以重建的历史耕地和林地空间格局推算出不同情景下的土地利用变化率和森林砍伐面积，而后设置亚热带和温带不同生态系统的干扰响应曲线参数，应用簿记模型分别核算了不同情景下的土地利用变化导致的陆地生态系统碳排放总量。结果表明：

（1）估算的近 300 年来中国土地开垦活动造成的碳排放总量为 2.66～5.63 Pg，最适估计值为 3.16 Pg，荒漠土壤在开垦过程中表现为碳汇；从区域尺度来看，西南的川渝地区，内蒙古和甘宁地区以及东北地区的黑龙江、吉林和辽宁等地的碳排放总量较大，新疆、西藏、青海由于地表植被分布较少，开垦的耕地主要来源于荒漠、草地和灌丛，故碳排放总量相对较少。

（2）估算情景 1、2 和 3 下我国近 300 年来森林收获引起的碳排放总量分别为 6.49 Pg、12.47Pg 和 21.20Pg，其中植被碳排放分别为 5.36 Pg、8.44 Pg 和 11.31 Pg，土壤碳排放分别为 1.24 Pg、4.03 Pg 和 8.90 Pg，植被碳排放和土壤碳排放在各情景下各异，其比率分别为 4.34、2.09 和 1.14。

（3）估算的近 300 年来我国土地利用变化引起的碳排放总量为 9.25～26.83 Pg，最适估计值为 15.64 Pg，其中植被碳排放总量为 6.80～13.14Pg，最适估计值为 10.17 Pg；土壤碳排放总量为 2.45～13.69 Pg，最适估计值为5.47 Pg。

（4）估算的近 300 年来我国土地利用变化引起的碳排放总量远低于国际同行的估算结果，这为厘清历史碳排放责任、应对国际气候变化谈判、分担气候变化责任提供了坚实的数据支持。

参考文献

［1］Bo E，Touré A，Rasmussen K. Changes in soil organic matter following groundnut-millet cropping at three locations in semi-arid Senegal，West Africa［J］. Agriculture Ecosystems & Environment，2003，96(1 - 3).

［2］Deng L，Liu GB，Shangguan ZP. Land-use conversion and changing soil carbon stocks in China's "Grain-for-Green" program：A synthesis［J］. Global Change Biology，2014，20(11).

［3］Emanuel et al. Modeling terrestrial ecosystems in the global carbon cycle with shifts in carbon storage capacity by land-use change［J］. Ecology，1984，65.

［4］Esser G. Sensitivity of global carbon Pools and fluxes to human and potential climatic impacts［J］. Tellus，1987，39B.

［5］Eswaran H，Van B E，Reich P. Organic carbon in soils of the world［J］. Soil Science Society of America Journal，1993，57.

［6］Fang J，Chen A，Peng C，et al. Changes in forest biomass carbon storage in China between 1949 and 1998［J］. Science，2001，292(5525).

［7］Follett R F. Soil management concepts and carbon sequestration in cropland soils［J］. Soil&Tillage Research，2001，61(1/2).

［8］Ge Q，Dai J，He F et al. Land use changes and their relations with carbon cycles over the past 300 a in China［J］. Science in China. Series D：Earth Sciences，2008，38(2).

［9］Goldewijk K，Beusen A，Van Drecht G，et al. The HYDE 3.1 spatially explicit database of human-induced global land-use change over the past 12000 years［J］. Global Ecology & Biogeography，2011，20(1).

［10］He F，Zhang Y，Dai J，et al. Land-use impact on soil carbon and nitrogen sequestration in typical steppe ecosystems, Inner Mongolia

［J］. Journal of Geographical Sciences,2012,22(5).

［11］ Houghton R A, Hackler J L. Emissions of carbon from forestry and land-use change in tropical Asia［J］. Global Change Biology, 1999, 5(4).

［12］ Houghton R A, Hackler J L. Sources and sinks of carbon from land-use change in China［J］. Global Biogeochemical Cycles, 2003, 17(2): 1034 –1047.1029/2002GB001970.

［13］ Houghton R A, Hobbie J E, Melillo J M et al. Changes in the carbon content of terrestrial biota and soils between 1860 and 1980: A net release of CO_2 to the atmosphere［J］. Ecological Monographs, 1983, 53(3).

［14］ Houghton R A. Counting Terrestrial Sources and Sinks of Carbon［J］. Climatic Change, 2001, 48(4).

［15］ Houghton R. A. Magnitude, distribution and causes of terrestrial carbon sinks and some implications for policy［J］. Climate Policy, 2002, 2(1).

［16］ Houghton R. Temporal patterns of land-use change and carbon storage in China and tropical Asia［J］. Science in China Series C Life Sciences, 2002, 45(Suppl.).

［17］ Hurtt G, Frolking S, Fearon M, et al. The underpinnings of land-use history: Three centuries of global gridded land-use transitions, wood-harvest activity, and resulting secondary lands［J］. Global Change Biology, 2006, 12(7).

［18］ IPCC. Climate change 2000, land use, land use change and forestry, ［R].Cambridge:Cambrigde University Press,2000.

［19］ Janzen H H, Campbell C A, Ellert B H, et al. Soil organic matter dynamics and their relationship to soil quality［M］. In: Gregorich E G, Carter M R, eds. Soil Quality for Crop Production and Ecosystem Health, Developments in Soil Science. Amsterdam,The Netherlands:

Elsevier Scientific Publ. Co.,1997.

[20] Lai L, Huang X, Yang H, et al. Carbon emissions from land-use change and management in China between 1990 and 2010[J]. Science Advances, 2016, 2(11).

[21] Lugo A E, Sanchez A J, Brown S. Land use and organic carbon content of some subtropical soils[J]. Plant and Soil, 1986(96).

[22] Minnen J G V, Goldewijk K K, Stehfest E, et al. The importance of three centuries of land-use change for the global and regional terrestrial carbon cycle[J]. Climatic Change, 2009, 97(1).

[23] Pan Y, Birdsey R A, Fang J, et al. A large and persistent carbon sink in the world's forests [J]. Science, 2011, 333(6045).

[24] Peng C, Michael J A. Contribution of China to the global carbon cycle since the last glacial maximum: Reconstruction from palaeo vegetation maps and an empirical biosphere model [J]. Tellus, 1997, 49(B).

[25] Pongratz J, Reick C, Raddatz T, et al. A reconstruction of global agricultural areas and land cover for the last millennium[J]. Global Biogeochemical Cycles, 2008, 22(3).

[26] Post W M, Kwon K C. Soil carbon sequestration and land-use change: process and potential[J]. Global Change Biology, 2000, 6.

[27] Stenvensen F J. Humus chemistry: Genesis, composition, reaction [M]. New York: John Wiley and Sons, Inc.,1994.

[28] Vitousek P M, Mooney H A, Lubchenco J, et al. Human domination of earth ecosystems[J]. Science, 1997, 277(5325).

[29] 曹雪,金晓斌,周寅康. 清代耕地数据恢复重建方法与实证研究[J]. 地理学报, 2013, 68(2).

[30] 车彦军,赵军,张明军,等. 不同气候变化情景下 2070—2099 年中国潜在植被及其敏感性[J]. 生态学报, 2016, 36(10).

[31] 陈耀亮,罗格平,叶辉,等. 1975—2005 年中亚土地利用/覆被变化对森林生态系统碳储量的影响[J]. 自然资源学报, 2015, 30(3).

[32] 揣小伟,黄贤金,赖力,等. 基于 GIS 的土壤有机碳储量核算及其对土地利用变化的响应[J]. 农业工程学报,2011,27(9).

[33] 葛全胜,戴君虎,何凡能,等. 过去 300 年中国土地利用、土地覆被变化与碳循环研究[J]. 中国科学 D 辑:地球科学,2008,38(2).

[34] 葛全胜,戴君虎,何凡能. 过去三百年中国土地利用变化与陆地碳收支[M]. 北京:科学出版社,2008.

[35] 赖力. 中国土地利用的碳排放效应研究[D]. 南京:南京大学,2010.

[36] 李蓓蓓,方修琦,叶瑜,等. 中国东北地区过去 300 年耕地开垦导致的碳收支[J]. 中国科学:地球科学,2014(9).

[37] 李蓓蓓. 东北地区历史土地利用变化导致的碳收支估算[D]. 北京:北京师范大学,2012.

[38] 李克让.土地利用变化和温室气体净排放与陆地生态系统碳排放[M]. 北京:气象出版社,2002.

[39] 潘嫄. 近 300 年中国部分省区农林土地利用及其对陆地碳储量的影响[D]. 北京:中国科学院大学,2006.

[40] 彭文英,张科利,杨勤科. 退耕还林对黄土高原地区土壤有机碳影响预测[J]. 地域研究与开发,2006,25(3).

[41] 沈亚婷,路国慧,胡俊栋,等. 短期乔木林灌木林和草地演替的土壤剖面~(13)C 分布特征[J]. 地理科学进展,2012,31(11).

[42] 苏艳华,黄耀. 湿地垦殖对土壤有机碳影响的模拟研究[J]. 农业环境科学学报,2008,27(4).

[43] 王艳芬,陈佐忠,Tieszen L T. 人类活动对锡林郭勒地区主要草原土壤有机碳分布的影响[J]. 植物生态学报,1998,22(6).

[44] 王渊刚,罗格平,冯异星,等. 近 50a 玛纳斯河流域土地利用/覆被变化对碳储量的影响[J]. 自然资源学报,2013,28(6).

[45] 王渊刚,罗格平,赵树斌,等. 新疆耕地变化对区域碳平衡的影响[J]. 地理学报,2014,69(1).

[46] 许文强,陈曦,罗格平,等. 基于 CENTURY 模型研究干旱区人工绿洲开发与管理模式变化对土壤碳动态的影响[J]. 生态学报,2010,

30(14).

[47] 杨玉盛,谢锦升,盛浩,等.中亚热带山区土地利用变化对土壤有机碳储量和质量的影响[J].地理学报,2007,62(11).

[48] 翟俊,刘荣高,刘纪远,等.1990—2010 年中国土地覆被变化引起反照率改变的辐射强迫[J].地理学报,2013,68(7).

[49] 张学珍,王维强,方修琦,等.中国东北地区 17 世纪后期的自然植被格局[J].地理科学,2011(2).

[50] 赵敏,周广胜.中国森林生态系统的植物碳贮量及其影响因子分析[J].地理科学,2004,24(1).

[51] 周涛,史培军.土地利用变化对中国土壤碳储量变化的间接影响[J].地球科学进展,2006,21(2).

第7章 结论与展望

7.1 主要研究结论

本研究以近300年来中国农林地空间格局重建及其碳排放效应核算为核心,通过系统收集和整理历史人口、耕地和林地数据后,构建了一套服务于近300年来中国耕地和林地空间格局重建的基础数据集,并分别针对耕地和林地的不同变化过程与影响机理,构建了基于分区同步约束性CA的历史耕地空间格局重建模型和基于行为主体选择偏好的历史林地空间格局重建模型,分别重建了近300年来6个时点1 km×1 km网格分辨率下的历史耕地和林地空间格局;在此基础上,将现代自然植被中的人工植被和次生植被逐步用潜在自然植被类型予以替换后,构建不同情景下的未有人类活动干扰的历史自然植被空间分布格局,并依据情景设定分别修正植被和土壤碳密度参数,以重建的历史耕地和林地空间格局推算出不同情景下的土地利用变化率和森林砍伐面积,而后设定亚热带和温带不同生态系统的干扰响应曲线参数,最后应用簿记模型分别核算了不同情景下的土地利用变化导致的陆地生态系统碳排放总量。本研究得出以下几点结论:

(1)通过点对点、绝对和相对误差分析可知,本研究重建的近300年来中国耕地空间格局总体精度较高,重建的耕地与其他学者成果在总体趋势上较为一致,表现为传统农区是耕地的集中分布区,农业主垦区向东北三省、西南云贵地区和西北甘宁地区逐渐转移,同时,传统农业主垦区内部耕地垦殖率不断提升。

（2）重建的近 300 年中国林地空间格局重点分布在东北地区的大小兴安岭和长白山，西南地区的横断山脉和大巴山，以及东南丘陵区的武夷山、大别山和雪峰山等处；从空间变化格局来看，东北地区的辽河平原、松嫩平原、三江平原和西南地区的四川盆地、云贵高原的林地呈逐渐减少的趋势，这种变化格局与近 300 年来中国农业开垦的客观事实较为吻合。

（3）通过簿记模型估算的近 300 年来我国土地利用变化引起的碳排放总量为 9.25～26.83 Pg，最适估计值为 15.64 Pg，其中近 300 年来土地开垦导致的碳排放为 2.66～5.63Pg，适中估计值为 3.16 Pg；森林开垦引起的碳排放总量为 6.49～21.20 Pg，适中估计值为 12.47 Pg。

（4）估算的近 300 年来我国土地利用变化引起的碳排放总量远低于国际同行的估算结果，这为厘清历史碳排放责任、应对国际气候变化谈判、分担气候变化责任提供了坚实的数据支持。

7.2　主要创新点

通过对近 300 年来中国历史耕地、林地的空间格局重建及其碳排放效应分析，本研究可能的创新点在以下几处：

（1）不同于仅依靠耕作适宜性和通用型转换参数的传统重建模型，而是综合垦殖适宜性和耕作集中连片性规则，建立了一个分区同步的历史耕地空间格局重建模型，在模型中依据各分区的地理特征回归得到一套不同分区的转换参数体系，这体现了由不同空间差异引致的耕地演化规律的空间异质性和演化速率的空间差异性。

（2）从行为主体偏好视角出发，综合考虑行为主体对农副产品、木薪和木材的需求，并结合土地的宜垦性、砍伐木材的难易程度、市场吸引力和林木资源的丰富程度，在历史耕地空间格局和潜在林地分布最大范围的控制基础上，以分省/区历史林地数量为外生变量，构建了历史时期的林地空间重建模型,这有效避免了多地类空间重建时在网格尺度的冲突和重叠,创造性地考虑了行为主体的各类选择偏好。

(3) 从不同情景出发分别考虑了土地开垦、森林砍伐下的碳排放效应,并将干扰响应曲线参数部分中国化后,核算了人类土地利用活动如森林、灌丛、荒漠、草地和沼泽生态系统开垦(弃垦)以及森林生态系统砍伐等造成的植被和土壤碳储量变化,这扩展了历史土地利用变化引起的碳排放核算情景和涉及的生态系统。

7.3　研究不足与展望

(1) 历史耕地数量会制约重建的历史耕地空间格局,数量的不确定性会引起重建空间格局的不确定性,更高时间和空间分辨率下的历史耕地数量能有效提高空间模型的模拟精度,探索历史时期府级、州县级历史耕地数量重建是提高模型模拟精度的可行方案;同时,基于机理模型的模拟精度和可靠性,需要发展更多更有效的定量或半定量验证方法。

(2) 构建的历史林地空间格局重建模型侧重自然环境因子和行为主体的决策特征对潜在林地空间分布的干扰,囿于历史时期的人口、社会和经济因子资料匮乏,未能充分考虑历史时期的开矿、人为林火、战争和农业政策等人文因素对历史林地空间分布的影响,在后期的研究中有待进一步深入。

(3) 簿记模型核算土地利用变化导致的碳排放的结果精度严重依赖于输入模型的土地利用变化率、植被和土壤碳密度以及干扰响应曲线参数的精度,输入参数的不确定性会引起估算结果的更大的不确定性,这也是导致当前各项研究结果各异的主要原因所在,如何进一步提高输入参数的精度和设置更加合理的干扰情景,值得未来深入探究。

(4) 囿于数据的有限性、方法的适用性、认识的深刻性,多地类、全覆盖、长时段的历史土地利用重建研究工作暂处于起步阶段,如何挖掘已有数据源,探索更为合理的方法集,构建科学的验证体系,以及探索多地类、全覆盖、长时段的历史土地利用重建,有待进一步研究。

(5) 历史土地利用重建工作的目的不是单纯地为了数据重建而重建,而是要为陆地生态环境、气候、水文的 LUCC 响应研究提供数据集,因此后期必须加大跨学科、跨平台的数据应用,挖掘数据的实践应用价值,为工农业生产提供有意义的指导。

后　记

　　自 20 世纪 90 年代中期,由国际地圈生物圈计划(IGBP)和国际全球环境变化人文因素计划(IHDP)联合发起的土地利用/覆被数据(LUCC)研究中强调:必须利用各种手段重建过去土地利用变化的详细历史,由此引起了历史时期土地覆被变化研究的热潮。土地覆被变化通过改变地表反照率、粗糙度、蒸散发、辐射强度等生物地球物理机制和生物多样性、大气碳循环、CO_2含量等生物地球化学机制而影响和干扰全球气候与全球环境,由于历史土地利用变化导致的陆地生态环境变化具有时滞性和累积效应,为掌握当前和模拟全球气候变化趋势,减小模型模拟结果的不确定性,需要探索历史土地利用变化所导致的环境效应,而将历史 LUCC 数据作为输入参数带入构建的区域大气和陆面过程模式是揭示人类土地利用活动对气候变化影响的行之有效的方法。

　　中国地处亚欧板块东南隅、东亚季风区,区内水热条件组合多样,传统农区水网湖泊密集、降水丰富、土壤肥沃,农业种植历史长达数千年;东北地区地势平坦,是世界上仅存的三大黑土区之一,区内土壤有机质含量较高,农业开垦历史较短;西北地区以屯垦为主的绿洲农业历史悠久。同时,中国拥有的悠久农业耕作史和未曾中断的文明发展史,丰富的人丁、赋税、田亩等文献记载,为历史 LUCC 重建研究提供了充实可信的基础数据源,使得中国成为世界上开展历史时期土地利用格局重建和效应研究的优良实验场。过去 300年,我国经历了清朝、中华民国和中华人民共和国三个不同的政体,其中清朝统治时间有 200 余年,占整个时段的 2/3 以上。在清朝统治时期,我国人口急剧增长,人口的迅速增加使得土地覆被的变化愈加迅速。清初我国人口约为1.6亿,至清中期人口翻了一番,至咸丰元年(1851 年)人口首次突破 4 亿大关。人口激增带来了农业垦殖的空前繁荣,森林大规模地被垦殖和砍伐,耕地经历了清前中期快速增长阶段、清后期低速增加阶段后,耕地总量由清初的 $42.4 \times 10^4 \, km^2$ 增加到清末的 $88.57 \times 10^4 \, km^2$;同期,森林面积大幅度下降,从清初期的 $248.13 \times 104 \, km^2$ 快速下降到清末的 $160.13 \times 10^4 \, km^2$。民国时期至中华人民共和国成立之初,人口从 4.03 亿快速增长到 1952 年的 5.68 亿,耕地经历了民国时期的波动阶段和中华人民共和国成立初期的剧烈增长阶段后,面积增长至 $144.22 \times 10^4 \, km^2$;同时,森林面积下降到历史的最低点 $109.02 \times 10^4 \, km^2$。由此来看,因数量规模之大与格局变动之剧,耕地和林地的时空变化决定和反映了近 300 年来中国农林土地利用空间格局与碳排放效应的主要方面。

本书是在全球变化计划"近 300 年典型时段我国土地利用格局重建研究"、国家自然科学基金"基于历史耕地回溯模型的近 300 年中国时空连续耕地数据重建"、"集成地理建模与历史文献挖掘的近 300 年苏皖地区土地利用格局重建"等科研项目和杨绪红读博期间学位论文的研究基础上,结合我国历史耕地、林地时空变化过程和行为主体的决策特征以及碳排放估算的相关研究,经补充、完善、深化、拓展编写而成。首先,在综述国内外历史土地利用空间重建和碳排放核算研究的基础上,本书系统收集和整理了近 300 年来中国历史人口、耕地和林地数据集;其次,分别针对耕地、林地的不同变化过程和影响机理,构建了基于分区约束性 CA 的历史耕地空间格局重建模型和基于行为主体选择偏好的历史林地空间格局重建模型,分别重建了近 300 年来中国 6 个时点 1 km×1 km 网格分辨率下的分省耕地和林地空间格局;最后,在此基础上构建了不同情景和不同生态系统下的干扰响应曲线,利用簿记模型分别核算了不同情景下的耕地、林地变化导致的陆地生态系统碳排放总量。

本书在编写过程中得到了中科院地理所何凡能研究员、清华大学龙瀛副教授、北京师范大学叶瑜副教授和崔雪峰教授、云南大学成一农教授、中国地质大学李士成老师、南京信息工程大学李蓓蓓副教授等给予的指导、支持和帮助,在统稿阶段得到徐慧、覃丽君和滕芸师妹的大力帮助,在此表示衷心的感谢!本书的出版得到了南京大学"双一流"学科发展经费的大力资助和南京大学人文地理研究中心的大力支持,在此表示感谢!

　　本书的编写参考了大量国内外著作和研究成果,采用了国家地球系统科学数据共享服务平台、中国气象科学数据共享服务网、复旦大学历史地理研究中心的相关数据,在此对相关著作作者和研究人员表示衷心的感谢! 由于时间仓促,加之水平有限,书中恐有疏漏,恳切期望得到专家、学者及所有同行和读者的批评与指正!

附　表

附表 A　中国植被类型编码及其植被碳密度

一级编码	含义	二级编码	含义	三级编码	植　被	碳密度（t C/ hm²）
1	自然植被	11	针叶林	1101	寒温带、温带山地落叶针叶林	52.3
				1102	温带山地常绿针叶林	86.7
				1103	温带草原沙地常绿针叶疏林	46.4
				1104	温带常绿针叶林	22.4
				1105	亚热带、热带常绿针叶林	17.4
				1106	亚热带、热带山地常绿针叶林	26.8
		12	阔叶林	1207	温带落叶阔叶树—常绿针叶树混交林	48
				1208	温带、亚热带落叶阔叶林	43.2
				1209	温带、亚热带山地落叶小叶林	28.8
				1210	温带落叶小叶疏林	34.6
				1211	亚热带石灰岩落叶阔叶树—常绿阔叶树混交林	32
				1212	亚热带山地酸性黄壤常绿阔叶树—落叶阔叶树混交林	69.1
				1213	亚热带常绿阔叶林	59.2
				1214	热带雨林性常绿阔叶林	68.2
				1215	亚热带硬叶常绿阔叶林	58.8
				1216	亚热带竹林	34.4
				1217	热带半常绿阔叶季雨林及次生植被	68.2
				1218	热带常绿阔叶雨林及次生植被	68.2

（续表）

一级编码	含义	二级编码	含义	三级编码	植　被	碳密度（t C/ hm²）
1	自然植被	13	灌丛和萌生矮林	1319	温带、亚热带落叶灌丛、矮林	6.2
				1320	亚热带、热带酸性土常绿、落叶阔叶灌丛、矮林和草甸结合	17
				1321	亚热带、热带石灰岩具有多种藤本的常绿，落叶灌丛、矮林	12.1
				1322	热带海滨硬叶常绿阔叶灌丛、矮林	5.9
				1323	热带珊瑚礁肉质常绿阔叶灌丛，矮林	5.9
				1324	亚热带高山，亚高山常绿草质叶灌丛矮林	11.7
				1325	温带、亚热带亚高山落叶灌丛	7.7
				1326	温带高山矮灌木苔原	3.3
				1327	温带、亚热带高山垫状矮半灌木、草本植被	3.3
		14	荒漠	1428	温带矮半灌木荒漠	1
				1429	温带多汁盐生矮半灌木荒漠	1
				1430	温带灌木、半灌木荒漠	1
				1431	温带半乔木荒漠	1
				1432	温带高寒匍匐矮半灌木荒漠	1.2
		15	草原和稀树灌木草原	1533	温带禾草、杂类草草原	2.1
				1534	温带丛生禾草草原	2.1
				1535	温带山地丛生禾草草原	2.1
				1536	温带丛生矮禾草、矮半灌木草原	2.1
				1537	温带山地矮禾草、矮半灌木草原	2.1
				1538	温带、亚热带高寒草原	1.8
				1539	亚热带、热带稀树灌木草原	3.4
		16	草甸和草本沼泽	1640	温带草甸	3.7
				1641	温带，亚热带高寒草甸	1.8
				1642	温带草本沼泽	3.9
				1643	温带高寒草本沼泽	3.9

（续表）

一级编码	含义	二级编码	含义	三级编码	植　被	碳密度（t C/ hm²）
2	农业植被	20	农业植被	2100	一年一熟粮作和耐寒经济作物	5.7
				2200	一年两熟或两年三熟旱作（局部水稻）和暖温带落叶果树园,经济林	5.7
				2300	一年水旱两熟粮作和亚热带常绿、落叶经济林、果树园	5.7
				2400	单(双)季稻连作喜凉旱作或一年三熟旱作和亚热带常绿经济林、果树园	5.7
				2500	双季稻或双季稻连作喜温旱作和热作常绿经济林、果树园	5.7
3	无植被地段	30	无植被地段	3000	无植被地段	0
4	湖泊	40	湖泊	4000	湖泊	0

附表 B　中国土壤分类编码及其土壤碳密度

土　纲	亚　类	平均碳密度（kg C/m²）
棕色针叶林土	棕色针叶林土	49.88
	灰化棕色针叶林土	36.58
	白浆化棕色针叶林	24.74
	表潜棕色针叶林土	11.87
漂灰土	漂灰土	94.29
黄棕壤	黄棕壤	9.42
	黄棕壤性土	8.11
	暗黄棕壤	14.96
黄褐土	黄褐土	5.76
	粘盘黄褐土	7.24
	白浆化黄褐土	5.36
	黄褐土性土	7.90
棕壤	棕壤	11.95
	白浆化棕壤	12.81
	潮棕壤	10.02
	棕壤性土	10.35

（续表）

土　纲	亚　类	平均碳密度（kg C/m²）
暗棕壤	暗棕壤	20.24
	灰化暗棕壤	18.76
	白浆化暗棕壤	12.75
	草甸暗棕壤	22.33
	潜育暗棕壤	19.80
	暗棕壤性土	9.02
白浆土	白浆土	12.60
	草甸白浆土	17.12
	潜育白浆土	25.03
燥红土	燥红土	4.51
	淋溶燥红土	5.02
	褐红土	8.00
褐土	褐土	9.73
	石灰性褐土	8.79
	淋溶褐土	10.10
	潮褐土	10.15
	嵝土土	13.33
	燥褐土	10.27
	褐土性土	7.05
灰褐土	灰褐土	27.40
	暗灰褐土	17.30
	淋溶灰褐土	36.16
	石灰性灰褐土	19.46
	灰褐土性土	14.10
黑土	黑土	16.59
	草甸黑土	20.33
	白浆化黑土	13.91
	表潜黑土	16.59
灰色森林土	灰色森林土	15.34
	暗灰色森林土	6.98

（续表）

土　纲	亚　　类	平均碳密度（kg C/m²）
黑钙土	黑钙土	18.67
	淋溶黑钙土	21.98
	石灰性黑钙土	23.79
	淡黑钙土	9.18
	草甸黑钙上	15.49
	盐化黑钙土	16.12
	碱化黑钙土	10.50
栗钙土	暗栗钙土	13.61
	栗钙土	9.37
	淡栗钙土	7.25
	草甸栗钙土	12.83
	盐化栗钙土	5.18
	碱化栗钙土	7.19
	栗钙土性土	4.05
栗褐土	栗褐土	7.26
	淡栗褐土	4.41
	潮栗褐土	9.48
黑垆土	黑垆土	12.67
	黏化黑垆土	10.77
	黑麻土	12.44
棕钙土	棕钙土	5.20
	淡棕钙土	4.52
	草甸棕钙土	8.00
	盐化棕钙上	3.62
	碱化棕钙土	8.20
	棕钙土性土	3.17
灰钙土	灰钙土	8.04
	淡灰钙土	5.51
	草甸灰钙土	2.01
	盐化灰钙土	4.08

（续表）

土　纲	亚　类	平均碳密度（kg C/m²）
灰漠土	灰漠土	5.00
	钙质灰漠土	2.26
	草甸灰漠土	6.42
	盐化灰漠土	2.74
	碱化灰漠土	2.60
	灌耕灰漠土	6.26
灰棕漠土	灰棕漠土	2.77
	石膏灰棕漠土	1.14
	石膏盐盘灰棕漠土	1.04
	灌耕灰棕漠土	7.10
棕漠土	棕漠土	0.95
	盐化棕漠土	1.96
	石膏棕漠土	1.64
	石膏盐盘棕漠土	1.25
	灌耕棕漠土	7.52
黄绵土	黄绵土	5.77
红黏土	红黏土	5.45
	积钙土红黏土	5.61
	复盐基红黏土	4.33
新积土	新积土	11.01
	冲积土	6.64
	珊瑚砂土	21.73
龟裂土	龟裂土	0.86
风沙土	荒漠风沙土	2.41
	草原风沙土	2.70
	草甸风沙土	3.66
	滨海风沙土	0.88
石灰土	石灰土	13.05
	红色石灰土	11.18
	黑色石灰土	17.91
	棕色石灰土	11.67
	黄色石灰土	9.48

（续表）

土　纲	亚　类	平均碳密度（kg C/m²）
火山灰土	火山灰土	29.36
	暗火山灰土	17.35
	基性岩火山灰土	8.78
紫色土	紫色土	5.54
	酸性紫色土	8.06
	中性紫色土	6.63
	石灰性紫色土	5.15
石质土	石质土	1.62
	酸性石质土	3.23
	中性石质土	1.81
	钙质石质土	2.20
	含盐石质土	1.62
粗骨土	粗骨土	5.15
	酸性粗骨土	5.20
	中性粗骨土	4.01
	钙质粗骨土	6.28
	硅质岩粗骨山	2.21
草甸土	草甸土	17.48
	石灰性草甸土	11.18
	白浆化草甸土	21.51
	潜育草甸土	17.75
	盐化草甸土	8.41
	碱化草甸土	8.39
砂姜黑土	砂姜黑土	7.23
	石灰性砂姜黑土	8.60
	盐化砂姜黑土	2.91
	碱化砂姜黑土	4.93
	黑粘土	14.86
山地草甸土	山地草甸土	34.23
	山地草原草甸土	30.39
	山地灌丛草甸土	34.39
林灌草甸土	林灌草甸土	5.51
	盐化林灌草甸土	5.36

（续表）

土 纲	亚 类	平均碳密度（kg C/m²）
潮土	潮土	6.63
	灰潮土	6.92
	脱潮土	5.66
	湿潮土	7.73
	盐化潮土	6.20
	碱化潮土	4.66
	灌淤潮土	6.21
沼泽土	沼泽土	30.68
	腐泥沼泽土	29.43
	泥炭沼泽土	92.55
	草甸沼泽土	20.39
	盐化沼泽土	13.93
	低位泥炭土	155.25
	中位泥炭土	155.25
	高位泥炭土	155.25
草甸盐土	盐土	6.36
	草甸盐土	4.21
	结壳盐土	2.67
	沼泽盐土	10.10
	碱化盐土	7.04
漠境盐土	干旱盐土	2.31
	漠境盐土	6.45
	残余盐土	3.94
滨海盐土	滨海盐土	5.73
	滨海沼泽盐土	12.33
	滨海潮滩盐土	8.04
酸性硫酸盐土	酸性硫酸盐土	18.84
寒原盐土	寒原盐土	3.19
	寒原草甸盐土	5.54
	寒原碱化盐土	4.82

（续表）

土　纲	亚　类	平均碳密度（kg C/m²）
碱土	草甸碱土	5.92
	草原碱土	5.89
	龟裂碱土	0.58
	荒漠碱土	1.77
水稻土	水稻土	11.14
	潴育水稻土	9.79
	淹育水稻土	7.36
	渗育水稻土	9.98
	潜育水稻土	17.43
	脱潜水稻土	16.10
	漂洗水稻土	7.80
	盐渍水稻土	6.83
	咸酸水稻土	16.53
灌淤土	灌淤土	11.70
	潮灌淤土	7.62
	表锈灌淤土	8.86
	盐化灌淤土	7.21
灌漠土	灌漠土	16.20
	灰灌漠土	8.67
	潮灌漠土	9.33
	盐化灌漠土	7.16
草毡土	草毡土	19.71
	薄草毡土	10.79
	棕草毡土	25.29
	湿草毡土	62.66
黑毡土	黑毡土	20.48
	薄黑毡土	19.07
	棕黑毡土	29.95
	湿黑毡土	7.26
寒钙土	寒钙土	7.38
	暗寒钙土	12.50
	淡寒钙土	2.26
	盐化寒钙土	6.08

（续表）

土　纲	亚　类	平均碳密度(kg C/m²)
冷钙土土类	冷钙土	10.14
	暗冷钙土	19.59
	淡冷钙土	1.09
	盐化冷钙土	9.40
棕冷钙土	棕冷钙土	7.87
	淋溶棕冷钙土	9.69
寒漠土	寒漠土	2.10
冷漠土	冷漠土	0.98
寒冻土	寒冻土	4.75
砖红壤	砖红壤	8.83
	黄色砖红壤	8.94
赤红壤	赤红壤	12.63
	黄色赤红壤	10.82
	赤红壤性土	4.70
红壤	红壤	9.27
	黄红壤	12.97
	红壤性土	7.22
	棕红壤	6.53
	山原红壤	9.52
黄壤	黄壤	13.44
	漂洗黄壤	5.79
	表潜黄壤	10.51
	黄壤性土	7.12
城区	城区	0.00
岩石	岩石	0.00
湖泊、水库	湖泊、水库	0.00
江、河	江、河	0.00
江河内沙洲、岛屿	江河内沙洲、岛屿	0.00
冰川雪被	冰川雪被	0.00
珊瑚礁、海岛屿	珊瑚礁、海岛屿	0.00
西北盐壳	西北盐壳	0.00

（续表）

土　纲	亚　类	平均碳密度（kg C/m²）
滨海盐场/养殖场	滨海盐场/养殖场	0.00
空白	空白	0.00

图书在版编目（CIP）数据

近 300 年中国农林地空间格局重建及其碳核算 / 杨
绪红，金晓斌，周寅康著. —南京：南京大学出版社，
2019.3

（南京大学人文地理服务区域发展系列丛书）

ISBN 978-7-305-19952-3

Ⅰ.①近…　Ⅱ.①杨…②金…③周…　Ⅲ.①农业
用地-土地利用-研究-中国②林地-土地利用-研究-中
国③农业-二氧化碳-排气-经济核算-研究-中国④林
业-二氧化碳-排气-经济核算-研究-中国

Ⅳ.①F321.1　②X511

中国版本图书馆 CIP 数据核字(2018)第 031076 号

出版发行　南京大学出版社
社　　址　南京市汉口路 22 号　　　　邮　编　210093
出 版 人　金鑫荣

丛 书 名　南京大学人文地理服务区域发展系列丛书
书　　名　**近 300 年中国农林地空间格局重建及其碳核算**
著　　者　杨绪红　金晓斌　周寅康
责任编辑　陈　露　荣卫红　　　　　编辑热线　025-83685720

照　　排　南京紫藤制版印务中心
印　　刷　江苏凤凰数码印务有限公司
开　　本　718×1000　1/16　印张 13　字数 206 千
版　　次　2019 年 3 月第 1 版　2019 年 3 月第 1 次印刷
ISBN 978-7-305-19952-3
定　　价　48.00 元

网址：http://www.njupco.com
官方微博：http://weibo.com/njupco
官方微信号：njupress
销售咨询热线：(025)83594756